Der dienstliche Verkehr

auf der Grundlage der Bekanntmachung der Zivil-Staatsministerien vom 28. April 1901

unter besonderer Berücksichtigung des Dienstes bei den Justizbehörden.

Von

Th. von der Pfordten,

Kgl. Landgerichtsrat im K. b. Staatsministerium der Justiz.

München 1907.
J. Schweitzer Verlag (Arthur Sellier).

Vorwort.

Jeder Beamte, der sich mit der Ausbildung von Rechtspraktikanten zu befassen hatte, wird schon die Wahrnehmung gemacht haben, daß die Aneignung der erforderlichen Gewandtheit im formellen Dienste, insbesondere der Gewandtheit im schriftlichen Verkehre den Anfängern unverhältnismäßige Schwierigkeiten macht. Durch die einseitige Beschäftigung während der Universitätszeit sind sie in praktischen Dingen unbeholfen geworden und haben es verlernt, ihre Gedanken fließend und frei in natürlicher, gesunder Sprache darzustellen. Der Leiter der Ausbildung trägt daher oft Bedenken, sie zur selbständigen Mitarbeit bei den Amtsgeschäften heranzuziehen. Dieses Büchlein soll nun zunächst als Leitfaden für den Rechtspraktikanten dienen und ihm das Verständnis für die Formen vermitteln, in denen sich heutzutage der schriftliche Amtsverkehr bei den Behörden abspielt.

Es verfolgt aber noch einen weiteren Zweck. **Es** ist höchste Zeit, daß die Behörden mit den alten schwerfälligen Formen aufräumen, die sie vor dem Inkrafttreten der Bekanntmachung vom 28. April 1901 anwendeten und von deren Gebrauch sie sich leider immer noch nicht entwöhnen können. Es muß sich allmählich die Erkenntnis durchringen, daß das Maß der Arbeitsleistung nicht nach dem Volumen und dem Gewichte des vollgeschriebenen Papiers bemessen werden kann. Und ebenso dringend notwendig ist es, daß die Behörden endlich wieder zu einem natürlichen Sprachgebrauche zurückkehren und das papierene Juristendeutsch ablegen. Darum will diese Schrift die jungen Juristen zur Aufmerksamkeit anspornen und verhüten, daß sie aus Bequemlichkeit und Gleichgültigkeit den herkömmlichen Schlendrian mitmachen. Sie wendet sich aber auch an die älteren Praktiker, die im Drange der Dienstgeschäfte nur allzu leicht die Bedeutung eines sprachlich richtigen und lebendigen Ausdrucks vergessen.

Die Kritik der bureaukratischen Gewohnheiten ist bisweilen etwas scharf und spitz geworden. Ich hoffe, daß man mich nicht deshalb der Nörgelsucht oder der Spottlust bezichtigen wird. Soll für neue Formen Bahn gebrochen werden, so genügt es nicht, sanft zuzugreifen; das zähe Dornengestrüppe, das den Eingang sperrt, muß mit scharfem Beil beseitigt werden.

Der Verfasser.

Einleitung.

I. Die Bedeutung einfacher Formen des dienstlichen Verkehrs und einer guten Amtssprache.

Die ungeahnten Wandelungen, denen alle unsere Lebensverhältnisse in den letzten Jahrzehnten unterworfen waren, haben auch für den Beamtenstand neue und schwere Anforderungen gebracht. Die Zeiten sind endgültig vorüber, in denen der Beamte eine willig anerkannte Herrschaft übte, ein sorgloses, mit Arbeit nicht allzusehr beschwertes und an Würden reiches Dasein führte. Einst mochte es genügen, wenn er eine gründliche Kenntnis des Pandektenrechtes besaß und daneben einiges von den wichtigsten Partikularrechten und den wenig zahlreichen Landesgesetzen wußte; das öffentliche Recht war noch ziemlich unentwickelt und genoß keine besondere Wertschätzung. Der praktischen Tätigkeit der Beamten waren ein für allemal bestimmte Wege gewiesen; sie bewegte sich zumeist in ausgefahrenen Geleisen: es galt, sich mit gewissen Formen und Formeln vertraut zu machen und sie dann am richtigen Platze zu verwerten. Der Umschwung trat in Bayern ein, als nach den Stürmen des Jahres 1848 die Gesetzgebung zum Ausbau des öffentlichen Rechtes schritt. Als sich vollends neben das Landesrecht das Reichsrecht stellte, begannen die Gesetze gleich Pilzen emporzuschießen; immer weitere Gebiete machte sich die staatliche Tätigkeit untertan. Auch die Einführung des BGB. hat den Rechtszustand nicht vereinfacht: unser Zivilrecht, nach wie vor in Reichs- und Landesrecht gespalten, bietet dem Verständnisse mehr Schwierigkeiten als jemals früher. Ferner haben die Zunahme der Bevölkerung und der wirtschaftliche Aufschwung, insbesondere das rasche Anwachsen der Industrie, allen Behörden eine Steigerung der Geschäftslast gebracht, mit der die Vermehrung der Beamtenzahl nicht gleichen Schritt hielt. Der Art nach sind die Geschäfte schwieriger und verwickelter geworden, vor allem in den Großstädten und in den Gegenden mit vorwiegend industrieller oder handeltreibender Bevölkerung. Auch das Publikum will jetzt anders behandelt werden, wie früher. Mit Recht verlangt man vom Richter und Verwaltungsbeamten Verständnis für soziale Fragen, für Kunst und Technik, für Psychologie und Naturwissenschaften. Er soll in allen Sätteln reiten können und auch mit Ungewohntem sich rasch vertraut machen. Die stille juristische Gelehrtenarbeit wird nicht mehr so hoch gewertet wie früher; weltmännische Gewandtheit und praktischer Blick werden weit höher geschätzt.

Es ist selbstverständlich, daß der Juristenstand den neuen Anforderungen nur dann völlig genügen kann, wenn er sich des pedantischen Formelkrams entledigt, mit dem die alte Zeit zu arbeiten pflegte. Umständlichkeit und Schwerfälligkeit passen nicht mehr in die Verhältnisse der Gegenwart: sie fordert auch einen neuen Amtsstil und neue Formen für die schriftlichen Geschäfte des Beamten. Die nun einmal unvermeidliche Schreibarbeit muß soweit beschränkt werden, als es möglich ist. Der Beamte darf nicht mehr kostbare Stunden mit einer Tätigkeit verbrauchen, die auch untergeordnete Organe leisten könnten; seine Kraft muß für höhere Aufgaben frei werden. Aber es erben sich nicht nur Gesetz und Rechte wie eine ewige Krankheit fort: auch einmal eingebürgerte Formen lassen sich nicht von heute auf morgen beseitigen, ja sie überleben sogar den Rechtszustand, unter dessen Herrschaft sie entstanden sind. So hat uns denn das bureaukratische Zeitalter, das Zeitalter der Papier- und Tintenmenschen, eine Erbschaft hinterlassen, die unsern Beamtenstand nicht bereichert hat, deren Last ihm vielmehr wie ein Bleigewicht aufliegt. Die Erkenntnis freilich, daß diese Erbschaft wertlos, ja schädlich ist, ist bisher nur in wenigen Köpfen aufgedämmert, die Mehrzahl scheut sich noch immer, das schwere Bündel altväterlicher Gewohnheiten abzuwerfen; sie trägt es willig weiter.

Wir wollen es ihr nicht verargen. Der Anfänger, der mit theoretischem Wissen angefüllt von der Universität zur Praxis übertritt, der junge Beamte, der seine erste Anstellung erlangt, der ältere, der in einen neuen, größeren Wirkungskreis vorrückt, sie haben alle mit Schwierigkeiten zu kämpfen, bis sie sich mit der Technik des Dienstes vertraut gemacht haben. Sie sehen sich nach Hilfsmitteln, nach Mustern um; sie suchen und finden solche in den Akten, oder sie halten sich an das Beispiel, das ihnen der Vorgesetzte oder der ältere, im formellen Geschäftsgange schon besser bewanderte Kollege gibt. So lernt eine Generation von der anderen unbekümmert darum, ob das Erlernte noch tauglich und brauchbar ist. Gegen die Folgen dieser Gewohnheit anzukämpfen, ist ein schweres Stück Arbeit; selbst die wohlmeinenden Versuche der Aufsichtsstellen, eine Besserung herbeizuführen, stoßen auf hartnäckigen Widerstand. So erfuhr auch unsere Bekanntmachung vom 28. April 1901 nicht immer die gebührende Beachtung. Zwar wird immer wieder der Wunsch nach einer Verminderung des Schreibwerks, nach einer ausgiebigeren Unterstützung der Richter durch Hilfskräfte laut, aber dennoch wird mit der alten behaglichen Breite und Weitschweifigkeit weitergearbeitet. Es ist an der Zeit, daß die Beteiligten einmal selbst die Zweckmäßigkeit der Regeln nachprüfen, die sie bisher befolgt haben, und durch die Gewöhnung an einfachere, kürzere und knappere Schreibweise sich Erleichterung schaffen.

Übrigens sollte nicht allein die Rücksicht auf die Notwendigkeit einer solchen Entlastung zur Selbsthilfe anspornen, sondern auch die Erwägung, daß das zähe Festhalten veralteter Formen dem Ansehen des Beamtenstandes nicht zum Vorteile gereicht. Alle Kreise des Volkes sind heutzutage aufgeweckter als früher und nehmen regeren Anteil am öffentlichen Leben; die Neigung zu ungezügelter Kritik greift immer weiter um sich. Mehr denn je ist für den Beamten Vorsicht geboten, wenn er mit der Öffentlichkeit in Berührung tritt und die Ergebnisse seiner Tätigkeit der Beurteilung durch berufene Meister und durch unberufene, spottlustige Schwätzer aussetzen muß. Man beachte nur, mit welcher Genugtuung die Tagespresse alle Sprachsünden der Juristen festnagelt, obwohl doch ihre Vertreter selbst ihr gutes Teil zur Verschlechterung des Stiles beitragen. Über die Äußerungen solcher Stimmen könnte man sich allenfalls noch hinwegsetzen; man könnte sich mit dem Gedanken trösten, daß recht viele Übertreibungen mitunterlaufen und daß man nicht nach jedermanns Beifall streben soll. Bedenklicher aber ist der Umstand, daß durch Ungeschicklichkeiten in der Form nicht selten das Mißtrauen gegen die Behörden gefördert wird, das nun einmal dem Geiste der Zeit entspricht. Der Rechtsunkundige, der sich mit geschraubten und sprachwidrigen Redewendungen in amtlichen Schriftstücken abquälen muß, der vielleicht ihren Sinn trotz aller Bemühungen nicht enträtseln kann, ist allzusehr geneigt, von der Form auf den Inhalt zu schließen: er fühlt den bureaukratischen Zug der Schreibweise und unwillkürlich kommt ihm der Gedanke, die Pedanterie, der Formalismus und die Scheu vor dem Einfachen und Naheliegenden herrschten auch bei der sachlichen Erledigung der Geschäfte. Der Grund dafür, daß unseren Beamten so oft das Verständnis für die Empfindungen und Anschauungen des Volkes abgesprochen wird, ist nicht zuletzt darin zu suchen, daß sie sich nicht einer dem Volke faßlichen Sprache bedienen.

Man darf nicht vergessen, daß unsere meisten Gesetze sehr verwickelt und dem Laien kaum verständlich sind. Der Beamte muß sich bemühen, dem Volke die Erkenntnis des schwierigen Rechtszustandes zu erleichtern; er darf sie nicht dadurch erschweren, daß er in einer Geheimsprache schreibt. Wird das Interesse des Volkes an der Gesetzeskunde gefördert und sein Wissen gesteigert, so wird es auch zu einer gerechteren Würdigung der juristischen Tätigkeit und zu höherer Schätzung des Beamtenstandes gelangen.

II. Die Aktenführung. Die Begründung von Entscheidungen.

Das Streben nach Vereinfachung darf nicht zur Nachlässigkeit führen. Eine geordnete, sorgfältige Aktenführung ist die Grundbedingung einer geregelten Tätigkeit. Wo sie fehlt, tritt bald Verwirrung und Ratlosigkeit ein. Der Spott über die „Aktenschwänze" ist oft genug unberechtigt. Niemand würde schwerer zu leiden haben, als das Publikum selbst, wenn die gewissenhafte Aufzeichnung der Vorgänge bei den Behörden unterbliebe; würden alle amtlichen Mitteilungen nur noch mündlich, telegraphisch, telephonisch oder allenfalls mit Postkarte erledigt, wie hitzköpfige Neuerer wünschen, so würde nur ein heilloses Durcheinander entstehen und jede Rechtssicherheit würde aufhören. Niemand wüßte morgen, was heute geschehen ist. Die vielgeschmähten Akten verhindern, daß Ereignisse der Vergessenheit anheimfallen, die später Bedeutung gewinnen können; sie gewährleisten den ungestörten Lauf der Verwaltungs-Maschine: sie müßte bei dem fortgesetzten Wechsel der Personen, die sie bedienen, immer wieder ins Stocken geraten, wenn der Neuling sich nicht über die Tätigkeit seiner Vorgänger unterrichten könnte. Die Notwendigkeit, schriftlich Rechenschaft von der Amtsführung zu geben, erzieht zudem den Beamten zu einer unausgesetzten Selbstkontrolle; sie zwingt ihn zu genauer Überlegung und hält übereilte, ungenügend durchdachte Entscheidungen hintan.

Es ist eine wunderliche Erscheinung, daß jetzt auch verständige Schriftsteller glauben, eine „Justizreform“ mit der Abschaffung der Urteilsbegründungen einleiten zu können. Man hat es oft genug als einen Mangel unseres schwurgerichtlichen Verfahrens bezeichnet, daß die Geschworenen über Freiheit und Leben des Angeklagten mit einem einfachen „Ja“ oder „Nein“ entscheiden dürfen. Jetzt will man diesen Fehler in alle Arten des Strafverfahrens, so sogar in den Zivilprozeß herüber nehmen. Man bedenkt nicht, wie sehr man dadurch die Rechtsprechung verschlechtern und die Zahl der Fehlsprüche steigern würde. Kritiklose Anbetung ausländischer Vorbilder hat hier, wie schon so oft, dazu geführt, daß man die Nachteile unserer Einrichtungen überschätzt und ihre großen Vorteile nicht mehr erkennt.

Keine gesunde Entwickelung vollzieht sich sprungweise. Immer muß an das Gegebene angeknüpft werden. Wir werden also gut tun, bis auf weiteres die alte Sorgfalt und Genauigkeit beizubehalten. Dagegen sollen wir das Räderwerk der Maschine von dem Staube reinigen, der sich im Laufe der Jahre angesammelt hat, und die technischen Verbesserungen anbringen, die eine fortgeschrittene Zeit gefunden hat.

Bekanntmachung, die Vereinfachung des dienstlichen Verkehrs betreffend.

K. Staatsministerien des Königlichen Hauses und des Äußern, der Justiz, des Innern beider Abteilungen, dann der Finanzen.

Vom 28. April 1901. (GVBl. 1901 S. 379.)

Vorbemerkungen.

Die wichtigsten Formen des schriftlichen Verkehrs und der Aktenführung.[1])

1. Will eine Behörde mit einer anderen Behörde oder mit einer Privatperson in schriftlichen Verkehr treten, will sie einen Bericht erstatten, ein Ersuchen stellen, Aufschlüsse erholen oder eine Entscheidung kundmachen, so hat sie eine doppelte Tätigkeit zu entfalten: sie hat das Schriftstück herzustellen, das an den Adressaten abgehen soll und sie hat zugleich dafür zu sorgen, daß der Inhalt des abgehenden Schriftstücks in ihren eigenen Akten vermerkt wird. Es kann das in zweifacher Weise geschehen und es haben sich deshalb zwei Hauptformen des Dienstverkehrs allgemein eingebürgert. Im Laufe der Zeit hat sich noch eine dritte Form herausgebildet, die in der Mitte zwischen den beiden älteren Formen steht und die Vorzüge beider zu vereinigen sucht.

a) Der Verkehr mit Reinschriften. Sein größter Vorzug besteht darin, daß der Inhalt der Schriftstücke, die nach außen versendet werden, mit wörtlicher Genauigkeit aus den Akten er-

---

[1]) Eine nähere Schilderung der Formen, in denen die Vorgänge des Strafprozesses und des Zivilprozesses dargestellt werden, müssen wir uns versagen. Wir beschränken uns hier auf die Besprechung der Formen, die in der Verwaltungstätigkeit besonders häufig hervortreten. Da auch die Gerichte sehr häufig eine verwaltende Tätigkeit zu entfalten haben (so z. B. in der freiwilligen Gerichtsbarkeit), kommen die Hauptformen bei den Justizbehörden ebenso häufig vor, wie bei den Verwaltungsstellen.

sehen werden kann: er ermöglicht die Wiederherstellung verlorener Dienstschreiben und erleichtert die Überwachung des richtigen Fortgangs aller dienstlichen Angelegenheiten. Dagegen haftet ihm eine gewisse Schwerfälligkeit an und er bringt manchen Zeitverlust für die höheren Beamten und für das Schreiberpersonal mit sich. Er spielt sich in folgender Weise ab: das Schreiben wird von dem für die sachliche Erledigung der Geschäfte verantwortlichen Beamten (oder unter seiner Prüfung und Mitzeichnung vom Referenten) zu den Akten entworfen. (Urschrift.) Die Schreibkräfte (Kanzleibediensteten) stellen eine Abschrift her, die dem verantwortlichen höheren Beamten zur Unterzeichnung vorgelegt und dann versendet wird. Der mit der Leitung des Kanzlei- und Expeditionsdienstes betraute Beamte vermerkt neben der Urschrift den Tag des Abganges des Schriftstücks.[1])

b) Der urschriftliche Verkehr.[2]) Er zeichnet sich durch seine Bequemlichkeit und Einfachheit aus. Die zeitraubende Herstellung der Reinschriften wird vermieden. Die Akten oder ein Teil der Akten werden der Behörde übersendet, mit der in Verkehr getreten werden soll. Die Beifügung eines gesonderten Begleitschreibens unterbleibt; die Verfügung, durch welche die Versendung angeordnet und der Empfänger (Adressat) bezeichnet wird, werden äußerlich mit den Ausführungen zur Sache selbst verbunden (vgl. die Muster der Anlage VII zur Bek. vom 28. April 1901).

c) Will man eine Reinschrift nicht anfertigen lassen, aber auch die Akten nicht aus der Hand geben oder sie anderweitig versenden, so wird eine Verbindung der unter a und b geschilderten Formen gewählt. Man vermerkt zu den Akten nur den wesentlichen Inhalt der zu versendenden Schreiben, ohne einen förmlichen Entwurf herzustellen; die Schreiben werden entweder von dem Referenten oder nach seiner Anordnung von einem Gehilfen so ausgefertigt, daß sie sofort versendet werden können.[3])

d) Für die Fälle, in denen Akten oder einzelne Schriftstücke versendet werden sollen und weder eine Mitteilung noch ein Bericht oder ein Ersuchen sich mit der Versendung verbindet, hat die

---

[1]) Die Vorschriften über die Form der Schreiben enthält die Bek. vom 28. April 1901 in den §§ 5 bis 7.

[2]) s. § 10 Abs. 2 der Bek. vom 28. April 1901 und die Bemerkungen zu § 10.

[3]) vgl. Bem. 4 zu § 10.

Bek. vom 28. April 1901 eine besondere Verkehrsform eingeführt: die Begleitbogen mit Siegelausdruck (§ 10 Abs. 4 der Bek.).

2. Zur Vervollständigung des Akteninhalts und zur Erleichterung der Übersicht dienen die „Vormerkungen". Laufen z. B. Akten anderer Behörden ein, die für die Geschäftsführung von Bedeutung sind, gelangen etwa an den Vormundschaftsrichter die Akten über eine Nachlaßsache, bei welcher der Mündel beteiligt ist, so wird ihr wesentlicher Inhalt mit kurzen Worten an der geeigneten Stelle vermerkt. Dann erst werden sie zurückgesendet. Nicht minder aber kann man auch „Vormerkungen" über Verhandlungen mit Beteiligten aufnehmen und dadurch die Feststellung zu Protokoll entbehrlich machen,[1]) oder Rechtsausführungen, Notizen aus der Literatur und Rechtsprechung, Ergebnisse mündlicher Besprechungen mit anderen Referenten u. dgl. in „Vormerkungen" zusammenfassen. Sehr zweckmäßig kann es auch sein, an den Anfang umfangreicher Akten Vormerkungen zu setzen, die den wesentlichen Inhalt oder einen Teil auszugsweise wiedergeben; das fortgesetzte Nachschlagen kann dann vermieden werden. Wer z. B. eine sehr verwickelte Nachlaßsache zu behandeln hat, wird sich seine Aufgabe erleichtern, wenn er ein Übersichtsblatt anlegt, indem etwa die Verwandtschafts-Verhältnisse des Erblassers, die Erklärungen der Erben, der Stand der Nachlaßmasse usw. verzeichnet werden.[2]) Für die Vormundschaftsakten ist die Führung sog. „Vormerkungsbogen" ausdrücklich vorgeschrieben.

3. Die einzelnen Aktenstücke werden in der Regel chronologisch geordnet. Sie sollen eine zusammenhängende Reihe bilden; der Leser soll Blatt für Blatt in einem Zuge durchsehen können und nicht genötigt sein, zurückzublättern. Man schreibt deshalb alle Verfügungen auf das letzte Aktenstück, oder, wenn dessen Rückseite schon beschrieben ist, auf ein neu einzulegendes leeres Blatt. Nur dann, wenn Reinschriften einlaufen, kann man auch den freigelassenen Teil der linken Seite[3]) benützen, um die durch den Einlauf veranlaßte Verfügung niederzuschreiben.[4]) Eine Unsitte ist es dagegen, aus Gründen der Sparsamkeit in alle möglichen Winkel und Ecken

---

[1]) Vgl. Bem. 1 u. 2 zu § 8.

[2]) Nicht zu verwechseln mit solchen Vormerkungen sind die Aktenrenner (chronologische oder systematische Verzeichnisse aller einzelnen Aktenstücke).

[3]) Vgl. § 4 der Bek. und die Muster der Anlagen I u. III.

[4]) Vgl. die der Bek. vom 28. April 1901 beigegebenen Muster.

wichtige Verfügungen zu setzen, oder Aktenstücke, die schon ganz vollgeschrieben sind, wieder vorne an den Rändern zu beschmieren.

4. Es empfiehlt sich, stets möglichst viele Anordnungen zugleich zu treffen[1]) und die Verfügungen materieller Art mit denen zu verbinden, welche den inneren, formellen Geschäftsgang regeln sollen. Es ist üblich, mehrere Verfügungen unmittelbar untereinander zu schreiben und sie durch Beifügung römischer Ziffern zu kennzeichnen. Ist z. B. ein Beschluß gefaßt, so bezeichnet man ihn beim Niederschreiben mit I und ordnet unter II und III die erforderlichen Zustellungen und Mitteilungen an. Oder es ist eine Vormerkung aus anderen Akten aufgenommen worden; sie erhält die Ziffer I, unter II, III usw. werden die Verfügungen angeschlossen, zu denen sie Anlaß gibt.

Es konnten hier nur einige Einzelheiten besprochen werden, die am häufigsten vorkommen, und dem Anfänger das meiste Kopfzerbrechen verursachen, so einfach sie an und für sich sind. Weitere Angaben finden sich in den Erläuterungen zu der Bekanntmachung; durch die ihr beigegebenen Muster werden die verschiedenen Formen anschaulich gemacht. Bestimmte Regeln für alle Fälle kann man nicht geben und es lassen sich nicht alle die Kunstgriffe erschöpfend darstellen, mit denen ein erfahrener Praktiker seine Schreibarbeit zu vereinfachen weiß. Zwei allgemeine Leitsätze aber wird man ohne Bedenken aufstellen können: Ziehe stets den gesunden Menschenverstand zu Rate und schreibe immer so, daß dich jedermann versteht.

Mit Allerhöchster Genehmigung Seiner Königlichen Hoheit des Prinz-Regenten wird unter Aufhebung der Bekanntmachung von 6. April 1874 (GVBl. S. 123) folgendes bestimmt.

§ 1.

Die bestehenden Vorschriften, welche die Form der an Seine Majestät den König und an Seine

---

1) Vgl. Bem. 3 zu § 8.

Königliche Hoheit den Prinz-Regenten zu richtenden Vorstellungen betreffen, bleiben in Kraft.

Die genauere Darstellung der durch § 1 aufrecht erhaltenen Vorschriften, sowie der für den dienstlichen Verkehr der Staatsministerien mit der allerhöchsten Stelle maßgebenden Bestimmungen würde über den Zweck dieser Erläuterungen hinausgehen, die vorwiegend den Geschäftsverkehr der Justizbehörden unter sich und mit den Behörden der anderen Ressorts behandeln sollen. (Vgl. übrigens wegen der Form der an die Krone zu richtenden Vorstellungen Schweitzers Terminkalender für die bayerischen Juristen, II. Teil, Abschn. IV).

Im § 4 Abs. 6 der Bekanntmachung ist vorgeschrieben, daß Eingaben von Privatpersonen nicht deshalb abgelehnt oder zurückgegeben werden dürfen, weil sie der Form nicht entsprechen, die für Eingaben an öffentliche Stellen und Behörden empfohlen ist. Diese Vorschrift wird auch dann entsprechend anzuwenden sein, wenn bei einer Behörde Gesuche von Privatpersonen eingereicht werden, über die nach Gesetz oder Verordnung die allerhöchste Stelle zu entscheiden hat, die jedoch von der Behörde zu instruieren und sodann mit Bericht und Gutachten im Dienstwege vorzulegen sind (Begnadigungsgesuche, Gesuche um Befreiung von Ehehindernissen u. dgl.). Es ist überflüssig, solche Gesuche zur Umänderung oder Ergänzung zurückzugeben, wenn das vorgeschriebene Format nicht eingehalten ist oder die üblichen Unterwürfigkeitsformeln fehlen. Solche Gesuche sind ferner auch dann ohne weiteres in Behandlung zu nehmen, wenn die Bitte ihrem Wortlaute nach überhaupt nicht an die allerhöchste Stelle sondern an die mit der Vorbereitung betraute Behörde gerichtet ist. Werden die Gesuche zu Protokoll des Gerichtsschreibers aufgenommen, so ist die Einhaltung der für Gesuche an die Krone vorgeschriebenen Form nicht notwendig.

§ 2.

Für den dienstlichen Verkehr der öffentlichen Stellen und Behörden gelten, soweit nicht für einzelne Geschäftszweige in Gesetzen oder in Verordnungen oder in den Entschließungen der zuständigen Staatsministerien Besonderes bestimmt ist, die nachfolgenden Vorschriften.

1. Die Bekanntmachung regelt an und für sich nur den Geschäftsverkehr der den Zivilstaatsministerien unterstellten Behörden unter sich und mit Privatpersonen; in der im Anhang abgedruckten weiteren Bekanntmachung vom 28. April 1901, den dienstlichen Verkehr betreffend, ist jedoch angeordnet, daß ihre Vorschriften auch für den Verkehr zwischen Zivil- und Militärbehörden, zwischen Zivilbehörden und Militärpersonen und zwischen Militärbehörden und Privatpersonen entsprechend anzuwenden sind. Es sind daher insbesondere bei Schreiben der Zivilbehörden an Militärpersonen die im § 5 der Bekanntmachung vorgeschriebenen Formen einzuhalten. Offiziere haben keinen Anspruch darauf, daß die Zivilbehörden bei Schreiben in Privatangelegenheiten andere als die im § 7 Abs. 1 vorgeschriebenen Höflichkeitsformeln ihnen gegenüber gebrauchen. Privatpersonen können sich bei Eingaben an Militärbehörden der im § 4 empfohlenen Form bedienen. Auch die Bestimmungen des § 14 der Bekanntmachung über den unmittelbaren Geschäftsverkehr zwischen den Behörden verschiedener Ressorts und die in seinem Abs. 2 enthaltene Vorschrift, die zur Folgeleistung gegenüber den Ersuchen nicht übergeordneter Behörden verpflichtet, finden auf den Verkehr zwischen Zivil- und Militärbehörden Anwendung (vgl. Bem. 2 und 3 zu §§ 13, 14). Der schriftliche Verkehr im Heere, also der Verkehr der Militärbehörden unter sich und der Militärpersonen mit den Militärbehörden wurde neu geregelt durch eine Bekanntmachung des Kriegsministeriums vom 6. Juni 1907 (Verordnungsblatt des Kriegsministeriums Nr. 15 vom 6. Juni 1907 S. 149). Die Vorschriften dieser Bekanntmachung stimmen im wesentlichen mit denen der Bekanntmachung vom 28. April 1901 überein.

2. Eine Erläuterung oder auch nur eine Aufzählung der Vorschriften, die neben denen der Bekanntmachung vom 28. April 1901 noch gelten, vor allem der Vorschriften über den Verkehr mit ausländischen Behörden und den diplomatischen Verkehr, ist nicht beabsichtigt.[1])

In einer autographierten Entschließung vom 19. Juli 1905 Nr. 27626 hat das Staatsministerium der Justiz einzelne Vorschriften der Bekanntmachung in Erinnerung gebracht und näher erläutert. Die Entschließung ist im Anhang abgedruckt.

---

[1]) Nur auf die Bek. vom 8. Mai 1907, betr. die im Auslande zu erledigenden Ersuchschreiben der Justizbehörden (JMBl. S. 127) sei aufmerksam gemacht (vgl. Zeitschr. f. Rechtspfl. in Bayern 1907 S. 263).

§ 3.

Im gesamten schriftlichen Verkehre der öffentlichen Stellen und Behörden kommen bei der Unterfertigung die bisher vorgeschriebenen Unterwürfigkeitsformeln („ehrerbietigst gehorsamst", „gehorsamst", „gehorsam") künftig in Wegfall und sind Höflichkeitsausdrücke, wenn sie mit Rücksicht auf die Verkehrssitte nicht ganz entbehrt werden können, doch auf möglichst knappes Maß zu beschränken, jedenfalls sind Häufungen und Steigerungen (wie z. B. „ganz ergebenst", „sehr geneigtest") zu vermeiden.

1. Die Unterwürfigkeitsformeln, die früher der Unterschrift beigefügt wurden, sind jetzt weggefallen. Es entspricht den Absichten der Bekanntmachung nicht, sie dadurch wieder hereinzubringen, daß man sie in den Text von Schreiben, Berichten u. dgl. aufnimmt und z. B. schreibt: „Ich berichte ehrerbietigst-gehorsamst, daß der Gefangene X. gestern nachmittags einen Ausbruchsversuch gemacht hat" oder „Ich erlaube mir, untertänigst die gnädige Gewährung eines außerordentlichen Urlaubs zu erbitten" usw. Solche Schwülstigkeiten sind auch bei Berichten und Gesuchen an ein Staatsministerium zu unterlassen. Wird in einem Berichte auf den Auftrag einer vorgesetzten Stelle Bezug genommen, so soll nicht von einem „hohen" oder „höchsten" Auftrag gesprochen werden; es genügt z. B. zu sagen: „Zur Entschließung vom 5. ds. Mts." (vgl. § 5 Abs. 2 Nr. 5) oder „der Auftrag vom 7. vor. Mts. wurde vollzogen."

2. Die im Verkehre mit gleichgestellten Behörden vielfach noch üblichen Höflichkeitsformeln, vor allem das so überaus häufige „ergebenst" und das auch stilistisch nicht einwandfreie „gefällig" können ohne Bedenken weggelassen werden. Statt „Ich ersuche ergebenst um gefällige Einvernahme [1]) des X. darüber, ob . . ." hat es zu heißen: „Ich ersuche, den X. darüber zu vernehmen, ob". Wird diese Regel beobachtet, so wird man sich auch die Bildung so einfältiger Zusammensetzungen abgewöhnen wie „baldgefällig" („Ich ersuche um baldgefällige Übersendung der Akten") oder das für den Verkehr mit Behörden höheren Ranges eigens geprägte,

[1]) „Einvernahme" ist ein sehr unglücklich gewählter aber ebendeshalb bei den Bureaukraten und Schreibern um so beliebterer Ersatz für das sprachlich allein richtige Wort „Vernehmung".

geradezu lächerliche Wort „baldgnädig“ („Es wird um baldgnädige Anweisung von 1000 Mk. auf Rechnung des Etats . . . . gebeten“).

Auch bei der Bezeichnung der Behörden, an die sich ein Ersuchen oder sonstiges Schreiben richtet, sind Höflichkeitsausdrücke zu vermeiden; man soll z. B. nicht schreiben „das verehrliche Kgl. Amtsgericht wird ersucht“ oder „der hohen Kgl. Regierung vorgelegt mit dem Berichte“ oder „das höchste Kgl. Staatsministerium der Finanzen wird gebeten.“

3. Zu der Kategorie häßlicher Wortbildungen und Zusammensetzungen, die bei Beachtung der Vorschriften des § 3 verschwinden können, gehören z. B. „wohldortig“, „wohlgeneigt“, „hochgebietend“, „hochgeneigt“, „sehr verehrlich“, „sehr geschätzt“ (das „sehr geschätzte Ersuchschreiben“!), „hochansehnlich“ usw. Unnötig ist es auch, Bitten und Ersuchen mit „wollen“ zu umschreiben (man soll also z. B. nicht schreiben: „ich bitte, mir gestatten zu wollen . . . .“ oder „ich bitte dem N. N. davon Kenntnis geben zu wollen“, sondern: „ich bitte um die Erlaubnis . . . .“, „ich bitte den N. N. davon zu benachrichtigen“.

4. Die Unterwürfigkeitsformeln können auch bei den Eingaben von Rechtsanwälten an Behörden wegbleiben; wegen der Eingaben von Privatpersonen s. § 4 Abs. 5 Satz 2.

§ 4.

Für Eingaben von Privaten an öffentliche Stellen und Behörden wird die folgende Form zum Gebrauche empfohlen (Vgl. die Muster Anlage I und II):

Auf der linken Hälfte der ersten Seite sind vorzutragen:

1. die Adresse,
2. der Betreff,
3. die Zahl und Art etwaiger Beilagen.

Auf der rechten Hälfte der ersten Seite ist oben der Ort und Tag der Eingabe anzugeben, in der Höhe des Betreffs ist mit dem sachlichen Vortrage zu beginnen.

Die zweite und die folgenden Seiten sind nach der ganzen Breite zu beschreiben: im Interesse des Einheftens in die Akten ist jedoch gegen innen ein entsprechender Rand freizulassen.

Unmittelbar nach dem sachlichen Vortrage erfolgt die Unterfertigung; hierbei ist die vollständige Adresse des Absenders anzugeben (Vor- und Zuname, Stand, Wohnort, wenn nötig Postbestellbezirk, Wohnung, Hausname u. dgl.). Unterwürfigkeits- und Höflichkeitsformeln sind nicht erforderlich.

Eingaben von Privaten dürfen nicht deshalb abgelehnt oder zurückgegeben werden, weil sie von der vorstehend empfohlenen Form abweichen.

Doppelschriften sind nur dann vorzulegen, wenn dies ausdrücklich vorgeschrieben oder durch besondere Umstände geboten ist.

1. Die Vorschriften des § 4 bedürfen keiner eingehenden Erläuterung; die Form, die sie für die Eingaben von Privatpersonen empfehlen, ist im wesentlichen nur die etwas vereinfachte Form der amtlichen Schreiben, von der § 5 handelt. Was zu § 5 bemerkt ist, kann daher auch hier entsprechend angewendet werden. Ein bestimmtes Format ist für die Eingaben von Privaten in § 4 nicht bezeichnet; empfehlenswert ist es aber, das sogen. Reichsformat zu wählen, weil es dem Formate der amtlichen Aktenstücke entspricht.

2. Eingaben und Mitteilungen, die infolge eines Versehens oder infolge Rechtsunkenntnis des Absenders bei einer unzuständigen Stelle eingereicht worden sind, einfach zurückzugeben, liegt nicht im Interesse eines raschen und glatten Geschäftsverkehrs und ein solches Verfahren zeugt auch nicht von Entgegenkommen gegenüber dem Publikum.[1]) Die Eingaben, die eine andere Behörde zu behandeln hat, sind ihr ohne weitere Förmlichkeit zu übersenden. Ein

---

[1]) Zuweilen wird, wie hier nebenbei bemerkt sein mag, ein solches Verfahren auch dann angewendet, wenn eine höhere Behörde einen Auftrag oder eine sonstige Entschließung infolge eines Schreibversehens oder eines Fehlers bei der Expedition einer nicht zuständigen Unterbehörde hat zukommen lassen. Es ist wenig taktvoll, wenn man einen Irrläufer der vorgesetzten Stelle wieder vorlegt, um ihr das Versehen recht deutlich zu Gemüte zu führen; besser ist es, sich derartige Scherze zu versagen und den Auftrag einfach weiterzugeben.

anderes Verfahren ist nur dann gerechtfertigt, wenn eine Eingabe kraft einer gesetzlichen Vorschrift schon deswegen wirkungslos ist, weil sie nicht bei der richtigen Stelle angebracht wurde.[1])

3. Zu einer Vereinfachung und Verminderung des Schreibwerks könnten auch die Rechtsanwälte beitragen, wenn sie sich angewöhnen würden, ihre Gesuche stets der Stelle vorzulegen, die nach den bestehenden Verordnungen mit der Ermittelung des Sachverhalts usw. betraut ist. Es sind also Begnadigungsgesuche dem Staatsanwalt oder dem Amtsanwalt zu überreichen, Gesuche um Befreiung von Ehehindernissen (Ehelichkeitserklärung, Volljährigkeitserklärung u. dgl.) dem Amtsgerichte. Wird ein Gesuch um Befreiung von der Vorschrift der Wartezeit dem Justizministerium eingesendet, so geht es von dort aus an das zuständige Amtsgericht: es vergehen mitunter 5 bis 8 Tage, bevor die Behandlung des Gesuchs in Angriff genommen werden kann.

§ 5.

Die Reinschriften aller amtlichen Berichte, Schreiben und Erlasse erhalten fortan eine einheitliche Form nach Maßgabe der Muster Anlage III—VI.

Auf der linken Hälfte der ersten Seite sind vorzutragen

1. die Geschäftsnummer,
2. die Bezeichnung der absendenden Stelle oder Behörde,
3. die Adresse,
4. der Betreff,
5. die Bezeichnung des veranlassenden Einlaufes, falls ein solcher vorliegt,
6. die Zahl und Art etwaiger Beilagen,
7. bei Berichten die Bezeichnung des Referenten, falls der Berichterstatter nicht selbst der Referent ist.

---

[1]) Auch in solchen Fällen kann es übrigens angezeigt sein, nicht sofort einen abweisenden Beschluß zu fassen, sondern den Antragsteller auf seinen Irrtum aufmerksam zu machen und ihm die Zurücknahme seiner Eingabe anheimzustellen (vgl. über diese Fragen insbesondere Schmitt in den Bl. f. RA. 1905 S. 2 ff.).

Auf der rechten Hälfte der ersten Seite ist oben der Ort und Tag anzugeben, in der Höhe des Betreffs ist mit dem sachlichen Vortrage zu beginnen.

Die zweite und die folgenden Seiten sind nach der ganzen Breite unter Freilassung eines entsprechenden Heftrandes zu beschreiben.

Der Betreff ist möglichst kurz zu fassen; im Texte sind überflüssige Bezugnahmen auf den Betreff und auf den veranlassenden Einlauf zu vermeiden.

Die Unterfertigung erfolgt unmittelbar unter dem sachlichen Vortrage, im Falle der Stellvertretung mit dem Beisatze: „I. V.".

Entschließungen und Bescheide sind, soweit dies vorgeschrieben ist, auch künftig mit der Ueberschrift: „Im Namen Seiner Majestät des Königs" zu versehen.

1. Die Vorschriften des § 5 — die wichtigsten der Bekanntmachung — verfolgen den Zweck, aus den Texten amtlicher Schreiben alles überflüssige Beiwerk zu entfernen. Früher begannen so ziemlich alle Dienstschreiben mit einer langatmigen formalen Einleitung und der Empfänger mußte sich oftmals durch mehrere mit der Aufzählung nebensächlicher Dinge angefüllte Seiten hindurchlesen, bevor er an den eigentlichen Inhalt des Schriftstückes gelangte. Jetzt sollen die Schreiben sofort mit dem sachlichen Vortrage beginnen. Was nicht hierzu gehört, ist auf der linken Seite des Schriftstücks in kurzen Worten zusammenzustellen. Gegen die wohlmeinenden Absichten des § 5 verfehlen sich auch heutzutage noch manche Behörden, selbst solche, die mit dienstaufsichtlichen Befugnissen ausgestattet über die Einhaltung der neuen Formen zu wachen hätten. Den Unterschied zwischen der alten (jetzt falschen) Form und der neuen wird eine Gegenüberstellung am besten erläutern; sie wird auch die Vorzüge der Änderung ins richtige Licht setzen. Wenn das Amtsgericht M das Amtsgericht O um die Entlassung eines Mündels aus der Vormundschaft ersuchte, so verfaßte der Amtsrichter — manchmal tut er es auch heute noch — folgendes „Ersuchschreiben":

Kgl. Amtsgericht M.
Betreff:
Vormundschaft über Benno Huber, Gütlerssohn von Irrenlohe.

M., den 190

In nebenbezeichnetem Betreffe ersuche ich den am 1. Mai 190.... volljährig werdenden Rubrikaten, der in O (Karlstr. 29/III) wohnt, unter Übersendung der Vormundschaftsakten und der Akten über die Nachlaßverhandlungen beim Tode seiner Eltern,[1]) deren Rückleitung erbeten wird, namens des unterfertigten Gerichts aus der Vormundschaft zu entlassen . . . . usw.

An das Kgl. Amtsgericht O.

Jetzt würde ein solches Ersuchen zu lauten haben:

Kgl. Amtsgericht M.
An das Kgl. Amtsgericht O.
Betreff:
Die Vormundschaft über den Gütlerssohn Benno Huber von Irrenlohe.
Mit 3 Akten g. R.[2])

Benno Huber, der in O (Karlstr. 29/III) wohnt, wird am 1. Mai 190.... volljährig. Ich ersuche, die erforderlichen Verhandlungen mit ihm zu pflegen . . . . usw.

2. Im einzelnen ist folgendes zu bemerken. Aus dem Texte sollen ausgeschieden werden:

a) *Die Bezeichnung der absendenden Stelle.* Es wirkt schleppend und verzögernd, wenn der Absender eines Schreibens sich im Texte der Bezeichnung der Behörde oder Stelle bedient, der er angehört. Einzelrichter und Vorstände bureaukratisch organisierter Behörden sprechen am besten in der ersten Person (ich); bei Kollegial-Behörden (z. B. den Magistraten unmittel-

[1]) Die Worte „unter Ueberſendung . . . . bis Eltern“ und der darauf folgende Relativsatz sind hier absichtlich an die falsche Stelle gesetzt. Solche Sprachfehler kommen ziemlich häufig vor; sie machen auf den aufmerksamen Leser stets einen komischen Eindruck.

[2]) Die im Formulare der Anlage I empfohlene Form „*Beilagen:* 3 Akten g. R.“ muß nicht unbedingt eingehalten werden.“ Die hier vorgeschlagene ist kürzer, sie wird im Geschäftsverkehre der Ministerien häufig angewendet.

Beiläufig sei bemerkt, daß man einen Singularis „Akt“ von „Akten“ nicht wohl bilden kann, wie dies häufig geschieht. Man muß sagen „Aktenheft“ oder „Aktenband“. Unter „Akt“ versteht man die Darstellung des nackten menschlichen Körpers oder den Abschnitt eines Theaterstückes.

barer Städte) kann unter Umständen der Pluralis (wir) am Platze sein. Also nicht: „Das Bezirksamt M ersucht um Vernehmung des A darüber, ob" sondern: „Ich ersuche usw." Von wem das Schreiben herrührt, ersieht der Empfänger aus der Angabe auf der linken Seite des Bogens.

b) Die Bezeichnung der Adresse. Daß sich ein Schreiben oder ein Bericht an die Behörde richtet, die links als Adressat bezeichnet ist, ist ebenso selbstverständlich, wie daß die Bitten oder Anträge, die im Texte enthalten sind, ihr und nicht einer andern Stelle unterbreitet werden. Also nicht die „K. Regierung von Oberbayern bitte ich, mich ermächtigen zu wollen", sondern „Ich bitte um die Ermächtigung".

c) Die Verweisungen auf den Betreff. Sie gehören zu den beliebtesten Gewohnheiten gedankenloser Vielschreiber. Wenn auf der linken Seite des Bogens steht „Betreff: Vormundschaft über Anna Mayer" so wird dem Empfänger schwerlich der Gedanke kommen, der Inhalt des Schreibens könne sich auf die „Pflegschaft über Xaver Rottenhöfer" beziehen. Gleichwohl werden immer noch Wiederholungen des Betreffs — oft in den abgeschmacktesten Ausdrücken — aufeinandergehäuft. Da heißt es „In dem nebenbezeichneten Betreffe ersuche ich . . .", „Die Akten obigen (übigen, nebigen) Betreffs enthalten nichts darüber, ob", „In rubriziertem Betreffe wurde durch die Erhebungen folgendes festgestellt", „Die Erledigung der im nebenbezeichneten Betreffe bezeichneten Angelegenheit hat sich dadurch verzögert, daß", „Im ausgesetzten Betreffe teile ich mit, daß . . ." usw.

d) Die Bezeichnung des veranlassenden Einlaufs. Sie ist gleichfalls auf die linke Seite zu setzen; Umschweife und Höflichkeitsformeln sind hierbei zu vermeiden (vgl. Bem. 1 zu § 3). Im Texte sind Aufträge oder sonstige Vorgänge nicht mehr zu erwähnen. Falsch ist also z. B. die Einleitung „In Erledigung des hohen Auftrags vom . . . . berichte ich", oder „Auf das geschätzte Schreiben vom . . . beehre ich mich zu erwidern", „Auf den am . . . hierher gelangten Bericht wird eröffnet", „In Verfolgung der mit jenseitigem [1]) Schreiben

---

[1]) Die wenig erfreulichen Wortbildungen „jenseitig", „diesseitig", „hiergerichtlich", „diesgerichtlich" können in der Regel einfach gestrichen werden, ohne daß die Verständlichkeit Schaden leidet. Beispiel: „Das [diesgerichtliche] Ersuchen vom 5. Juni 1906 bringe ich in Erinnerung". (vgl. Bem. 1 b zu § 5).

vom . . . gegebenen Anregungen wurden Erhebungen darüber eingeleitet . . ." u. dgl. Auch auf Eingaben von Privaten ist in der Weise zu verfügen, daß links geschrieben wird: „Zur Eingabe vom . . . d. Mts." und daß der Text etwa lautet: „Ihrem Antrage kann nicht entsprochen werden, weil . . . ."

e) Die Aufzählung der Beilagen, eine — wie es scheint — unausrottbare Gewohnheit mancher älterer Juristen.[1]) Das Justizministerium hat Anlaß genommen, sie in der autographierten Entschließung vom 19. Juli 1905 unter Nr. 2 nochmals ausdrücklich zu untersagen. Gleichwohl ist sie noch nicht ganz verschwunden. Um das „Anliegen" der Beilagen zu veranschaulichen, werden noch immer die schönsten Ausdrücke geprägt, z. B. „Anruhend unterbreite ich einen Bericht des Amtsgerichts N.", oder „Angeschlossen folgen die Akten über das Strafverfahren gegen Andreas Huber". Statt „Beiliegend" oder „anliegend" liest man zuweilen auch „angebogen", „angebunden", „beigebogen", „beigeschlossen", „anverwahrt", „untergebunden" u. dgl.

Eine Verminderung des Schreibwerks wird übrigens nicht erzielt, wenn die Beilagen wie früher im Texte so nun auf der linken Seite einzeln unter genauer Beschreibung angeführt werden. Der Empfänger muß sich die Beilagen doch ansehen; es ist unnötig, etwa die Aktenzeichen oder den Betreff beigefügter Akten ausdrücklich zu vermerken. Es genügen Sammel-Bezeichnungen, z. B. „mit 3 Akten und 2 Aktenstücken"[2]) oder „Mit 2 Akten, 4 Plänen, 2 Photographien" oder „Mit 15 Berichten und (g. R.) 2 Übersichten" (vgl. § 6 Abs. 1). Sind Beilagen von der Behörde, an die sich das Schreiben richtet, an eine andere Behörde oder an eine Privatperson weiterzugeben, so ist es nicht erforderlich, dies im Texte zu sagen und etwa zu schreiben: „Die hier beigefügten Briefe ersuche ich an Johann Maier hinauszugeben." Es ist vielmehr links unter „Beilagen" zu setzen: „6 Briefe zur Zurückgabe an Johann Maier" (vgl. Bem. 4 zu §§ 13, 14).

3. Es ist zwar im § 5 nicht ausdrücklich hervorgehoben, aber wohl selbstverständlich, daß der Text nicht mit überflüssigen, nichtssagenden Eingangsworten belastet werden soll, wie „Ich berichte, daß", „Ich teile mit, daß", „Ich bemerke, daß" oder „Ich berichte

[1]) Vgl. Zeitschr. f. Rechtspfl. in Bayern 1906 S. 457.
[2]) Einzelne nicht in Aktenhefte eingebundene Schreiben.

folgendes . .", „Ich gestatte mir, auf folgendes aufmerksam zu machen." Im übrigen vgl. wegen der Fassung des Textes die Bemerkungen zu § 11.

§ 6.

Die Rückerbittung von Beilagen muß nicht im Texte des Schriftstückes, sondern kann auch dadurch geschehen, daß der Bezeichnung der Aktenstücke auf der linken Hälfte der ersten Seite der Zusatz: „g. R." (gegen Rückgabe) beigefügt wird.

Umfangreichere Schriftstücke sind mit Seitenzahlen zu versehen.

Ein in einem Berichte enthaltener Antrag ist äußerlich hervorzuheben und soweit angängig entweder an den Eingang oder an den Schluß des Berichtes zu stellen.

1. Der Abs. 1 des § 6 bildet eine Ergänzung zu § 5; er will den Text amtlicher Schreiben von formellen Anordnungen über die Hin- und Hersendung der Akten entlasten. Werden amtliche Schriftstücke zeitweilig an andere Behörden gegen Zurückgabe abgegeben, so ist nach § 6 Abs. 1 in Verbindung mit § 10 Abs. 4 die Beifügung eines besonderen Schreibens entbehrlich. Einen sachlichen Inhalt könnte ein solches doch nicht haben, es würde nur aus einer Aneinanderreihung leerer Floskeln bestehen, und z. B. lauten: „In rubriziertem Betreffe werden gegen baldgefällige Remission (oder „gegen seinerzeitige Rückerstattung") die Akten zur geneigten Kenntnisnahme ergebenst übersendet." Solche inhaltslose Schreiben sind jetzt durch die „Begleitbogen" (Muster der Anlage VIII) zu ersetzen.

2. Soll nur ein Teil der Beilagen zurückgegeben werden, so ist es gleichfalls nicht erforderlich, das im Texte des Schreibens zu erwähnen. Auch hier kann die Abkürzung g. R. gebraucht werden. Auch die höheren Behörden sollten hierauf mehr achten, als es für gewöhnlich geschieht. Man kann z. B. auf der linken Seite schreiben: „Mit 3 Akten und (g. R.) 3 Eingaben des N. N." Ganz überflüssig ist es hiernach, im Texte etwa zu schreiben: „Die Eingaben des N. N. sind nach der Erledigung des Auftrags wiedervorzulegen".

3. Darüber, daß auch die Anordnung, Beilagen an andere Behörden oder an Privatpersonen abzugeben, auf die linke Seite gesetzt werden kann und nicht im Texte stehen muß, vgl. Bem. 2 e zu § 5 und Bem. 4 zu §§ 13, 14.

§ 7.

Bei amtlichen Schreiben an Beamte, Bedienstete und Privatpersonen ist in der Adresse in der Regel nur die Bezeichnung: „Herr" („Frau", „Fräulein"), und im Texte die Anrede: „Sie" zu gebrauchen.

Bei amtlichen Schreiben an Einzelbeamte, die eine Behörde vertreten, ist in der Innen- und Außenadresse der Name des Beamten nur dann anzugeben, wenn es sich um dessen persönliche Angelegenheiten handelt oder wenn besondere Verhältnisse dies erfordern. Wird der Name nicht angegeben, so sind etwaige persönliche Titel des Beamten, z. B. „Kgl. Oberlandesgerichtsrat", „Kgl. Regierungsrat" und dem Namen beizufügende Prädikate, z. B. „Exzellenz" gleichfalls wegzulassen, so daß die Adresse beispielsweise lautet: „An den Herrn Kgl. Oberamtsrichter in X.", „An den Herrn Kgl. Bezirksamtmann in Y." usw.

Soll erkennbar gemacht werden, daß das Schriftstück nur von dem Adressaten geöffnet werden darf, so ist die persönliche Adresse mit dem Vermerk „Eigenhändig" anzuwenden.

§ 8.

Die protokollarische Form der Beurkundung amtlicher Vorgänge unter Zuziehung eines Aktuars (Protokollführers) ist tunlichst zu beschränken.

In Angelegenheiten, die einfach und nicht streitig sind, genügt eine Vormerkung zu den Akten, je nach Lage der Sache kann auch auf mündliches Vorbringen sofort der schriftliche Bescheid erteilt werden.

Unnötige Erhebungen haben zu unterbleiben, Ersetzungen sind nur im Falle wirklichen Bedürfnisses und dann, soweit nach dem jeweiligen Stande der Sache tunlich, gleichzeitig zu verfügen.

Die Anordnung von Vollzugsberichten, Empfangsbestätigungen und Fehlanzeigen soll möglichst vermieden werden.

1. Es ist nicht erforderlich, über alle Verhandlungen mit Beteiligten Protokolle aufzunehmen, sofern nicht gesetzliche Vorschriften (wie im Zivil- und Strafprozeß) es notwendig machen. Insbesondere kann in der freiwilligen Gerichtsbarkeit (vor allem im Vormundschafts- und Nachlaßwesen), sehr häufig die Aufnahme eines Protokolles durch eine sog. Vormerkung ersetzt werden. Dieses Verfahren ist immer unbedenklich, wenn die Verhandlung nur Bedeutung für den formellen Geschäftsgang hat, und nicht die Feststellung von Erklärungen der Beteiligten in Frage steht, die sachliche Wichtigkeit oder gar einen rechtsgeschäftlichen Inhalt haben. Es ist z. B. eine zwecklose Vergeudung von Kräften, wenn etwa der Vormundschafts- oder Nachlaßrichter — vielleicht gar unter Zuziehung eines Gerichtsschreibers — folgendes Protokoll abfaßt:

> Es erscheint der Schneider Franziskus Böcklein, hier, Krautheimerstraße 5/II wohnhaft, durch Sachkenntnis ausgewiesen und erklärt: „Meine auf heute vorgeladene Frau Eulalia Böcklein kann nicht erscheinen, weil sie vor acht Tagen von einem Knaben entbunden wurde. Ich bitte, zu gestatten, daß sie ohne weitere Ladung am Mittwoch, den 15. Mai 190 .. vorm. $9^1/_2$ erscheint." Dem Erschienenen wurde eröffnet, daß diesem Antrag stattgegeben werde."
>
> In Gegenwart der mitwirkenden Personen wurde dieses Protokoll dem Erschienenen vorgelesen, von ihm genehmigt und eigenhändig unterschrieben.
>
> Franziskus Böcklein.

Der praktische Richter wird sich in solchen Fällen mit einem Aktenvermerke begnügen, der etwa folgendermaßen lautet: „Eulalia Böcklein konnte nicht erscheinen, weil sie vor kurzem entbunden hat; sie erscheint am 15. Mai 190   vorm. $9^1/_2$." In ähnlicher Weise ist z. B. zu verfahren, wenn ein Beteiligter Adressen anderer Beteiligter angibt, oder wenn jemand mitteilt, bei wem der Mündel z. Zt. untergebracht ist, oder wenn angegeben wird, daß über den

Aufenthalt des N. N. nichts in Erfahrung gebracht werden konnte, kurzum immer dann, wenn es sich um die Feststellung von Tatsachen handelt, die für die materielle Erledigung der Angelegenheit nicht von Belang sind.[1])

Für die Verwaltungsbehörden empfiehlt sich die Ersetzung der Protokolle durch Akten-Vormerkungen schon um deswillen, weil die Protokolle unter Umständen gebührenpflichtig sind (vgl. die Art. 201 ff. GebG.).

2. Die Zuziehung eines Protokollführers zur Aufnahme von Verhandlungen kann überall da unterbleiben, wo nicht eine gesetzliche Vorschrift fordert, daß neben dem leitenden Beamten eine weitere Urkundsperson tätig wird. Zieht der Leiter der Verhandlung zu seiner Entlastung einen Schreiber bei, so hat sich dieser nicht als Urkundsperson zu betrachten, die für den Inhalt des Protokolles mitverantwortlich ist, sondern nur als Hilfskraft. Es ist daher nicht erforderlich, daß er am Kopfe des Protokolles unter den mitwirkenden Personen aufgezählt wird und daß er das Protokoll mitunterzeichnet. Die langatmigen Angaben über die „Präsenz" können

---

[1]) Bei dieser Gelegenheit sei darauf hingewiesen, daß es ein nicht zu billigender Mangel an kollegialer Rücksicht ist, wenn man sich Aufschlüsse rein tatsächlicher Art, z. B Angaben über Adressen u. dgl., im Wege der Rechtshilfe zu verschaffen sucht, statt mit den Beteiligten unmittelbar schriftlich ins Benehmen zu treten. Dieses Verfahren wurde schon in der Zeitschrift f. Rechtspfl. in Bayern 1906 S. 457 und 1907 S. 14 gerügt (vgl. auch ebenda 1907 S. 63). Das Gefühl dafür, daß man damit anderen Behörden eine ganz nutzlose Arbeit überbürdet, scheint vielen Beamten abhanden gekommen zu sein Unser Publikum ist im großen und ganzen — von unrühmlichen Ausnahmen in den Großstädten abgesehen — gegenüber den Behörden höflich und entgegenkommend. Es läßt gerichtliche Anfragen nur selten unbeantwortet. Der Arbeiter und der Geschäftsmann der Großstadt wenden auch lieber 5 oder 10 Pfennig für die Anschaffung einer Marke auf, als daß sie sich früh morgens — vielleicht mit der Trambahn — an die weit entfernte Gerichtsstelle begeben. Dort müssen sie oft eine Stunde oder gar zwei Stunden warten, bis sie ihre Erklärung abgeben können, und erst nach Verlust eines halben Arbeitstages können sie gegen Mittag nach Hause zurückkehren In ländlichen Verhältnissen bringt der Gang zu Gericht erst recht Unbequemlichkeiten und Zeitverlust mit sich.

Ist ausnahmsweise der schriftliche Verkehr mit Beteiligten nicht tunlich, so muß man gleichwohl die Behörden der Rechtshilfe nicht immer in Anspruch nehmen und das Publikum nicht durch Vorladungen belästigen; man kann sich der Vermittlung der Gemeindebehörden bedienen (vgl. auch §§ 13, 14 der Bekanntmachung).

so gekürzt werden und der „stellv. Gerichtsschreiber" oder der „f. Gerichtsschreiber" können verschwinden. Das gilt vor allem für die freiwillige Gerichtsbarkeit. Nur ausnahmsweise muß hier zur Beurkundung von Rechtsgeschäften ein Gerichtsschreiber als Urkundsperson zugezogen werden, in der ungeheueren Mehrzahl der Fälle ist der Protokollführer nur „Schreibkraft". Da die Vormundschafts- und Nachlaßrichter bei einem einigermaßen stark beschäftigten Gerichte täglich eine beträchtliche Anzahl mündlicher Verhandlungen zu beurkunden haben, würden sie das Schreibwerk erheblich vereinfachen, wenn sie die Mitwirkung der Schreibkräfte nicht mehr in den Protokollen erwähnen würden (vgl. FGG. §§ 169, 177 Abs. 2 in Verbindung mit §§ 138, 139 der Bekanntmachung vom 20. März 1903, das Nachlaßwesen betr., JMBl. 1903 S. 111, und §§ 50, 51 der Bekanntmachung vom 19. Januar 1900, das Vormundschaftswesen betreffend).

3. Der Abs. 3 des § 8 richtet seine Spitze zunächst gegen die höheren und mittleren Behörden, denen es untersagt wird, die untergebenen Stellen unnötigerweise durch Anordnung weiterer Erhebungen zu quälen — ein Vorgehen, das häufig nur zu dem Zwecke angewendet wird, um die Erledigung einer schwierigen Sache ein wenig hinauszuziehen. Aber auch die Unterbehörden können ihm die Lehre entnehmen, daß, wenn möglich, alle Erhebungen gleichzeitig zu verfügen sind, die aus Anlaß der „Instruktion" einer Sache, der Vorbereitung einer Entscheidung nötig werden. Hiergegen wird sehr häufig verstoßen. Man findet sehr oft (besonders bei überlasteten Verwaltungsbehörden, aber auch bei den Richtern der freiwilligen Gerichtsbarkeit) folgendes Verfahren. Läuft eine Eingabe oder eine Beschwerde ein, die zu umfassenden Erhebungen Anlaß gibt und die Notwendigkeit einer nicht ganz einfachen Entscheidung erwarten läßt, so sucht man den „Einlauf" zunächst auf gute Manier wieder los zu werden. Man überlegt nicht, was alles erhoben werden muß, welche Personen und Behörden gehört, welche Akten erholt werden müssen und trifft nicht alle Anordnungen auf einmal, sondern man schickt das Schriftstück zunächst an die Behörde A. zur Äußerung, dann an die Behörde B. zur Äußerung und Kenntnisnahme, dann an den Herrn Bezirksarzt zur Begutachtung [1]); hierauf wird

[1]) Bekannt ist die Anekdote von dem Verwaltungsbeamten, der jeden Einlauf zunächst an den Distriktstierarzt „zur gutachtlichen Äußerung" schickte, in dem von einer Kuh oder einer Ziege die Rede war.

zuerst die eine, dann die andere Person vernommen; zur Abwechslung wird einmal ein Strafregisterauszug erholt usw. So oft das Schriftstück zurückkehrt, wird es mit einer geschäftsleitenden Verfügung wieder hinausgeworfen. Hierbei waltet ganz im Stillen und unbewußt im Herzen des Beamten die Hoffnung, durch diese zögernde Sachbehandlung werde er sich die unangenehme Endentscheidung vom Halse halten: es werde eine Beförderung oder Versetzung dazwischen kommen und so die peinliche Aufgabe dem Nachfolger bleiben, oder der Antragsteller werde, bevor die Sache zur Entscheidung reif sei in ein besseres Jenseits übergehen. Seine Erwägungen erinnern an die des Gymnasialschülers, der die Anfertigung seiner Aufgaben bis zum Ende der Ferien verschiebt, weil er immer noch hofft, ein wohltätiger Blitzschlag oder ein kleines Erdbeben werde das Gymnasialgebäude noch rechtzeitig dem Boden gleich machen. Aber der uneingestandene Zweck wird nur selten erreicht. Die schleppende Behandlung rächt sich an dem Urheber selbst: er häuft sich einen Wust von kleinlichen Arbeiten auf, die Akten schwellen zu dicken, unübersichtlichen Bündeln an, in denen sich niemand mehr auskennt, und der Mangel eines zielbewußten Vorgehens führt schließlich dazu, daß trotz aller Schreiberei wichtige Dinge übersehen werden. Wird jede Angelegenheit von Anfang an energisch in Angriff genommen und wird folgerichtig vorgegangen, so tritt bald eine Verminderung der Arbeit ein, die für die zeitweilige stärkere Belastung reichlich entschädigt.

§ 9.

Bei der Begründung von Entscheidungen ist unbeschadet der Gründlichkeit möglichste Kürze anzustreben.

1. Über die Art, wie gerichtliche und verwaltungsrechtliche Entscheidungen abgefaßt werden, ist schon viel geklagt worden. Obwohl in mehreren verdienstvollen Werken treffliche Anleitungen gegeben worden sind, und obwohl die Fachzeitschriften und die Tagespresse unausgesetzt wenigstens die gröbsten Verfehlungen bekämpfen, ist eine nennenswerte Besserung doch nicht eingetreten. Es kann nicht unsere Aufgabe sein, hier eine erschöpfende Unterweisung zu geben; es sollen nur die wichtigsten Mißgriffe der Praxis besprochen werden. Es ist hierbei zunächst an die Urteile und Beschlüsse in bürgerlichen Rechtsstreitigkeiten gedacht; einzelne Ausführungen jedoch haben auch

Geltung für die Beschlüsse in der freiwilligen Gerichtsbarkeit und für die Bescheide der Verwaltungsbehörden [1]).

2. Das Grundübel und die Quelle der meisten Fehler ist in dem Umstande zu suchen, daß der Richter sich recht oft nicht bewußt bleibt, daß er für die Parteien schreibt und daß ihn deshalb auch der Laie verstehen soll. Er soll nicht darauf ausgehen, eine „Fleißarbeit" zu den Akten zu liefern, die wegen ihrer Länge die Bewunderung und das Wohlgefallen der Vorgesetzten erregt, noch auch darauf, eine Entscheidung anzufertigen, in der alles „festgenagelt" ist, so daß die höhere Instanz nicht allzuleicht einen Angriffspunkt findet. Ebensowenig soll er das Urteil als eine wissenschaftliche Abhandlung betrachten, die zur Bereicherung der Literatur beitragen, und ein glänzendes Zeugnis von den Kenntnissen und Fähigkeiten des Berichterstatters ablegen soll. Er soll sich stets als Richter nicht als Schriftsteller fühlen. Neben der falschen Auffassung von der Aufgabe des Richters und der Bedeutung der Urteile machen sich auch nicht selten irrige Vorstellungen von den Anforderungen des Gesetzes an die Fassung der Urteile geltend. Die häufigsten Fehler sollen kurz besprochen werden.

a) Übermäßige Länge und unübersichtliche Fassung des Tatbestandes. An die Stelle der von § 313 Nr. 3 ZPO. geforderten „gedrängten Darstellung des Sach- und Streitstandes" wird ein langatmiger Aktenauszug gesetzt, in dem mit ängstlicher Gewissenhaftigkeit die ganze Prozeßgeschichte vorgetragen wird. Die gesetzlich vorgeschriebene „Hervorhebung der Anträge der Parteien" artet zu einer Wiedergabe der gesamten rechtlichen und tatsächlichen Ausführungen der Beteiligten aus; oft wird einfach der Wortlaut der Schriftsätze in indirekter Rede zusammengestellt.

Bei richtigem Verfahren muß zunächst eine sorgfältige Auswahl getroffen werden. Die Prozeßgeschichte ist nur insoweit aufzunehmen,

---

[1]) Vgl. zum folgenden insbesondere: Wengler, Der Tatbestand des Zivilurteils (Erlangen 1884); Daubenspeck, Die Sprache in den gerichtlichen Entscheidungen (Berlin 1893); Referat, Votum und Urteil (9. Auflage, Berlin 1905); Der jurist. Vorbereitungsdienst in Preußen (Berlin 1900) S. 140 ff.; Lunglmayr, Der jurist. Vorbereitungsdienst in Bayern (Berlin 1905) Bd. I S. 438 ff.; Küttner, Leitfaden für die Unterweisung der Referendare im Abfassen von Urteilen (Leipzig 1906); Korn, Anleitung zur formellen Bearbeitung von Urteilen in Zivilprozessen 1. und 2. Instanz (2. Auflage, Berlin 1907); von der Pfordten, Der Staatskonkurs (2. Auflage, München 1906) S. 23 ff.; Kunkel in der Zeitschr. f. Rechtspfl. in Bayern 1907 S. 53 ff.; Schwab ebenda S. 41 ff.

als sie für die Entscheidung der Sache von Belang ist oder doch in einer höheren Instanz Bedeutung gewinnen kann. Die rechtlichen Ausführungen der Parteien und ihrer Vertreter können und sollen wegbleiben, soweit sie nicht zur Kennzeichnung der rechtlichen Eigenart der Ansprüche oder der Einwendungen dienen können (vgl. Seuffert Bem. 4 zu § 313 ZPO.). Das wörtliche Abschreiben der Schriftsätze ist zu unterlassen. Freilich darf anderseits das Streben nach Kürze nicht dazu führen, daß nur das Gerippe eines Tatbestandes gegeben und die in § 313 Abs. 2 ZPO. gegebene Befugnis zur Bezugnahme auf den Inhalt der Schriftsätze mißbraucht wird (vgl. die Zitate bei Seuffert a. a. O.).

b) Wiederholungen. Sie werden häufig dadurch veranlaßt, daß äußerlich die Trennung des Tatbestandes und der Gründe für unbedingt erforderlich gehalten wird, obwohl sie doch weder vom Gesetze vorgeschrieben ist, noch überall durch die Rücksicht auf die Zweckmäßigkeit nahegelegt wird. Sie genießt infolge langjähriger Übung beinahe das Ansehen eines Dogmas. Aber die Grenzen zwischen dem Tatbestand und den Gründen sind flüssig. Nicht immer läßt sich mit völliger Sicherheit die Frage lösen, in welchem Abschnitte der Entscheidung die einzelnen Bestandteile unterzubringen sind. Diese Unsicherheit führt dazu, daß in den Gründen zum zweitenmal erscheint, was der Leser schon aus dem Tatbestand erfahren hat. Die Hinweisung auf einen ganz einfachen Fall wird deutlich zeigen, wie schwer es ist, dieser Gefahr zu entgehen.

A ist über ein Feld des B gefahren; B klagt auf Schadensersatz; A behauptet, B habe ihm die Erlaubnis zum Befahren des Feldes gegeben, vorsorglich bringt er noch vor, der Schaden sei kleiner gewesen, als B angibt. Der Richter, der an der äußerlichen Trennung von Tatbestand und Gründen festhält, beginnt sein Urteil etwa mit folgender Darstellung des Sach- und Streitstandes:

„B hat gegen A Klage erhoben mit dem Antrage, den B zur Zahlung von 5 Mk. zu verurteilen. Zur Begründung hat er vorgebracht, A sei am 5. Juni 1906 über sein Grundstück Pl.-Nr. 200 gefahren, ohne ein Recht dazu zu haben; er habe hierbei die Erzeugnisse des Grundstücks beschädigt, der Schaden betrage 5 Mk. A hat die Abweisung der Klage beantragt; er hat zwar zugegeben, daß er am 5. Juni über das Grundstück Pl.-Nr. 200 gefahren sei und daß dadurch die Erzeugnisse beschädigt worden seien. Er hat jedoch behauptet, B habe ihm auf seine Bitte erlaubt, das Grundstück zu befahren. Vorsorglich hat er beantragt, die Klage abzuweisen, soweit der Anspruch den Betrag von 2 Mk. übersteige; denn der Betrag des Schadens sei keinesfalls höher gewesen als 2 Mk. B hat diesem Vorbringen widersprochen; zum Beweise dafür, daß der Schaden 5 Mk. betragen habe, hat er sich auf das Gutachten des N berufen (usw.). A hat den P als Zeugen dafür benannt, daß B ihm die Fahrt über das Feld gestattet habe (usw.)."

Wenn nunmehr der Richter an die Abfassung der Entscheidungsgründe geht, so hält er es für notwendig, zunächst festzustellen, daß der tatsächliche Vorgang, der dem Rechtsstreite zugrunde liegt, sich wirklich so abgespielt hat, wie es in der Klage behauptet worden ist. Er wiederholt daher aus dem Tatbestande die Angabe, daß A das Befahren des Grundstücks und die Beschädigung von Erzeugnissen zugestanden habe, und knüpft daran die Ausführung, daß diese Behauptungen des A keines Beweises bedürfen. Die Notwendigkeit, darzulegen, in welcher Richtung sich die Einwendungen des A bewegen, gibt ihm Anlaß, wieder einen Teil des Tatbestandes zu wiederholen. Bei der Würdigung der Frage nach der Beweislast wird dann vielleicht zum drittenmale auf den Tatbestand zurückgegriffen und nochmals erwähnt, daß B bestreitet, die Erlaubnis zur Benützung des Grundstücks erteilt zu haben.

Ein geschickter Urteilsfasser wird solche Wiederholungen vielleicht auch bei der Beibehaltung der üblichen Form soviel als möglich einzuschränken wissen. Aber der weniger Gewandte sollte erwägen, daß er sich seine Aufgabe erleichtert und sich vor der Gefahr des „Wiederkäuens" schützt, wenn er die Spaltung des Urteils in Tatbestand und Gründe nicht wahllos und ohne genauere Überlegung in jedem Falle vollzieht. Vor allem fallen bei der Zusammenfügung von Tatbestand und Gründen die Schwierigkeiten weg, die sich aus dem Unterschiede zwischen „Tatbestand" und „tatsächlicher Feststellung" ergeben (vgl. Kunkel a. a. O. S. 56) und die das soeben durchgeführte Beispiel anschaulich macht. Auch die Frage wird gegenstandslos, ob die Anführung des Ergebnisses der Beweisaufnahme im Tatbestand oder in den Gründen erfolgen soll.

c. Würdigung belangloser Rechts- und Tatfragen. Dieser Fehler entspringt nicht immer aus dem Mangel juristischen Denkens, sondern wird unter Umständen mit vollem Bewußtsein begangen. Es wirkt oft eine gewisse Eitelkeit mit — man will zeigen, daß man über jede der aufgeworfenen Fragen etwas zu sagen weiß, und mit den Kenntnissen nicht zurückhalten. Oder man will sich eine Rückendeckung für den Fall sichern, daß eine höhere Instanz von einer anderen rechtlichen Beurteilung der Sache ausgehen sollte, und denkt: „Doppelt genäht, hält fest." Nur müssen leider die Parteien die Kosten dieser vermeintlichen Vorsichtsmaßregeln tragen. Und je tiefer das Urteil in Rechtsfragen hineinsteigt, um so größer wird die Gefahr, daß unrichtige oder doch angreifbare Ausführungen mitunterlaufen. Solche können — wie Kunkel a. a. O. S. 56 mit Recht hervorhebt — die Parteien zur Einlegung aussichtsloser Rechtsmittel ermuntern. Eine gewisse Verwandtschaft mit dem hier geschilderten Fehler hat der folgende:

d. Aufnahme wissenschaftlicher Polemik. Es sind die „gelehrten" Richter, die leicht in diesen Fehler verfallen. Sie begnügen sich nicht damit, kurz und bündig zu den Fragen Stellung zu nehmen, die für das Schicksal des Rechtsstreits den Ausschlag geben. Sondern sie betrachten die Entscheidung als eine willkommene Gelegenheit, um — wieder auf Kosten der Parteien — mit sämtlichen Gegnern gründlich abzurechnen. Alle ihre Äußerungen werden mit Sorgfalt vorgeführt und abgetan. Da wir immer noch in einer Übergangszeit leben, kann man gegen dieses Verfahren wohl dann nichts einwenden, wenn es bei den höchsten Gerichtshöfen angewendet wird, deren Entscheidungen eine über den Einzelfall hinausgehende Bedeutung beanspruchen können. Aber die unteren Instanzen können und sollen sich Beschränkungen auferlegen. Dem Bauern, dem Handwerker und dem Kaufmann ist es im Grunde genommen doch recht gleichgültig, ob die Darlegungen von „N. N. im Archiv für zivilistische Praxis" wirklich in allen Teilen einwandfrei sind, oder ob „Z. in der Zeitschrift für deutschen Zivilprozeß" einige höchst irrtümliche Ansichten aufgestellt hat.

e. Zurücktreten der eigenen Meinung des Richters. Dieser Fehler ist das Gegenstück des soeben besprochenen, er entspringt aus Mangel an Selbstvertrauen und Unterschätzung des Wertes selbständiger Auffassung. Jede Äußerung wird in einen Knäuel von Zitaten eingehüllt. Der Richter getraut sich nicht, die Kinder seines Geistes ohne schützende Bedeckung in die Welt hinausziehen zu lassen. Manchmal wird die Ängstlichkeit so weit getrieben, daß genau dargelegt wird, wie die Entscheidung ausfallen würde, wenn man dem Urteile die vom Gerichte nicht gebilligte Anschauung zugrunde legen würde. Die Folgen jeder Ansicht werden gesondert entwickelt. Man kann z. B. Sätze folgender Art lesen: „Bei dieser Annahme hat sich das Gericht der von Planck a. a. O. (folgen 20 weitere Autoren) vertretenen Meinung angeschlossen. Anders freilich würde zu urteilen sein, wenn man der Anschauung von Staudinger-Engelmann beitreten wollte, die auch von . . . . . geteilt wird. Denn dann würde zu erwägen sein, daß sich der Beklagte zu Unrecht darauf beruft, daß . . . . . Daraus würde sich folgerecht ergeben, daß seine Einwendung . . . . . unbegründet ist. Der Klage müßte sonach in diesem Falle stattgegeben werden, weil . . . . . Allein, wie schon oben des Näheren dargelegt wurde, vermag sich das Gericht der Ansicht von Staudinger-Engelmann nicht anzuschließen, wenn auch nicht zu verkennen ist . . . . . (hier folgt dann noch eine Verbeugung gegenüber den Vertretern der nicht angenommenen Ansicht und eine förmliche Entschuldigung).

Treten solche Abschweifungen mehrmals nacheinander auf, so wird das Urteil zu einer umfangreichen Kompilation und der Leser gewinnt den Eindruck, als sei eigentlich nicht die Zivilkammer des Landgerichts N. zu Gericht gesessen, sondern der Kommentar von Planck. So große Wertschätzung auch die Verfasser der Kommentare usw. verdienen, ist es doch nicht zu wünschen, daß sie zu angebeteten Götzen werden und daß ihren Erläuterungen eine ähnliche Bedeutung wie gesetzlichen Vorschriften beigelegt wird.

Auch das ängstliche Anklammern an die Kommentare würde unterbleiben, wenn man bei der Abfassung der Entscheidungsgründe mehr an die Bedürfnisse der Parteien dächte, weniger daran, was ihre rechtskundigen Vertreter interessiert. Der Prozeßbeteiligte erwartet eine Entscheidung des Gerichts; von der Persönlichkeit der Richter wird er einen um so besseren Eindruck gewinnen, je entschlossener und unzweideutiger die Gründe sich über die Würdigung des Falles aussprechen und je weniger ihn das Urteil in Zweifel stürzt. Sollte es wirklich zweckmäßig und dem Ansehen des Juristenstandes förderlich sein, wenn man dem Laien recht deutlich vor die Augen führt, wie man bei dem gegenwärtigen Stande unserer Rechtswissenschaft jede Rechtsfrage in verschiedener Weise lösen kann?

3. Besonders verwerflich ist der sog. „Erwägungsstil", eines der schrecklichsten Überbleibsel früherer Zeiten. Die Meinung, daß er zur Kürze und Übersichtlichkeit beitrage, ist zwar weitverbreitet, beruht aber nichtsdestoweniger auf leerer Einbildung. Wie sollte ein Beschluß dadurch einfacher und klarer werden können, daß man die indirekte Rede statt der direkten anwendet und daß man aus 20 oder mehr Sätzen einen Satz bildet? Jede im Erwägungsstile gehaltene Entscheidung läßt sich mühelos in eine der deutschen Sprache angemessene Form übertragen, und nur Bequemlichkeit und Gleich-

gültigkeit sind schuld daran, daß man die veraltete und abgeschmackte Schreibweise noch nicht aufgegeben hat.

Zur Beleuchtung der „Vorzüge" des Erwägungsstiles sei wörtlich ein Beschluß eines bayerischen Oberlandesgerichts hierher gesetzt, der sich überhaupt durch Nachlässigkeit in der Behandlung der Sprache auszeichnet.

„In der Erwägung,

daß M. L. gegen den diesgerichtlichen [1]) Beschluß vom 30. Dezember 1906 mit von (!) ihm selbst unterschriebenem Schriftsatze vom 3. März 1907 wiederholt um Bewilligung des Armenrechts, das ihm durch bezeichneten Beschluß verweigert wurde, nachgesucht, eventuell Beschwerde gegen den Beschluß eingelegt hat,

daß eine Veranlassung, von dem Beschlusse vom 30. Dezember 1906 abzugehen, nicht besteht,

daß demnach über die eingelegte [2]) Beschwerde zu befinden ist,

daß Beschwerden gegen die Entscheidung eines Oberlandesgerichts nur durch Erklärung zum Protokoll des Gerichtsschreibers des Oberlandesgerichts oder durch Einreichung einer zum Protokolle des Gerichtsschreibers eines Amtsgerichts erklärten oder von einem Rechtsanwalt unterzeichneten Beschwerdeschrift eingelegt werden können (§ 569 II ZPO.)

daß die eingelegte (!) Beschwerde keiner dieser Formvorschriften entspricht, deshalb formell als unzulässig zu erachten ist,

wird beschlossen:

Die eingelegte (!) Beschwerde des M. L. gegen den diesgerichtlichen (!) Beschluß vom 30. Dezember 1906 wird als unzulässig kostenfällig verworfen."

Sehen wir zu, ob sich dieses Muster der Kanzleisprache nicht ohne besondere Schwierigkeiten in eine einfachere Form bringen läßt und ob es nicht nach der Umgestaltung dem Verständnisse des M. L. näher gerückt sein wird.

---

[1]) Wäre dieses schöne Wort weggeblieben, so hätte gleichwohl niemand daran gezweifelt, daß ein Beschluß des OLG. gemeint ist, M. L. wohl am wenigsten!

[2]) Dreimal spricht der Beschluß von der eingelegten Beschwerde. Sollte etwa M. L., wenn nur von der Beschwerde gesprochen würde, darüber im Unklaren sein, daß von der Beschwerde die Rede ist, die er eingelegt hat? Sollte er etwa auf den Gedanken kommen, daß über eine Beschwerde entschieden werde, die er nicht eingelegt hat?

„Die Beschwerde des M. L. gegen den Beschluß vom 30. Dezember 1906 wird verworfen. M. L. hat die Kosten zu tragen."

Gründe.

Durch den Beschluß vom 30. Dezember 1906 wurde dem M. L. die Bewilligung des Armenrechts verweigert. Er hat am 3. März 1907 ein von ihm selbst unterzeichnetes Schriftstück eingereicht. Darin hat er wiederholt um Bewilligung des Armenrechts gebeten und für den Fall, daß der Bitte nicht stattgegeben werden sollte, Beschwerde gegen den Beschluß vom 30. Dezember 1906 eingelegt. Es besteht kein Anlaß, von dem Beschlusse abzugehen. Die Beschwerde aber ist formell unzulässig. Denn Beschwerden gegen die Entscheidung eines Oberlandesgerichts müssen entweder zu Protokoll des Gerichtsschreibers des Oberlandesgerichts erklärt oder durch Einreichung einer zum Protokolle des Gerichtsschreibers eines Amtsgerichts erklärten oder von einem Rechtsanwalt unterzeichneten Beschwerdeschrift eingelegt werden (§ 569 II ZPO.). Keiner dieser Formvorschriften entspricht die Beschwerde."

Wir überlassen es dem Leser, auf Grund dieses Beispiels selbst die Frage zu entscheiden, welche Form klarer, einfacher und dem Rechtsunkundigen verständlicher ist.

§ 10.

Die Anfertigung von Abschriften solcher Schriftstücke, die an andere Behörden oder zu anderen Akten abgegeben werden, ist in allen geeigneten Fällen durch einen kurzen Vermerk in den Akten zu ersetzen.

In allen Angelegenheiten, bei welchen die Anfertigung eines Entwurfes zu den Akten entbehrlich ist, hat urschriftlicher Verkehr unter kurzer Aktenvormerkung, soweit notwendig, stattzufinden (vgl. die Muster Anlage VII a—c).

In Fällen, in welchen einer anderen Behörde oder einer vorgesetzten Stelle von einer erlassenen Verfügung Mitteilung zu machen ist, ohne daß dabei zu einer weiteren Erläuterung Anlaß besteht, kann diese Mitteilung durch Uebersendung einer einfachen Abschrift oder eines Abdruckes der Verfügung (ohne Begleitschreiben oder Begleitbericht) erfolgen.

Wenn Akten, Verzeichnisse u. dgl. versendet werden, ohne daß hierbei ein Begleitschreiben mit selbständigem Inhalte erforderlich ist, so ist auf Grund einer zu den Akten zu treffenden Verfügung lediglich ein nach dem Muster Anlage VIII ausgefertigter, mit dem Amtssiegel zu versehender halber Bogen ohne Text und Unterschrift (Begleitbogen) beizufügen.

Ueber die erfolgte Versendung ist Vormerkung zu den Akten zu machen.

Zur Versendung von Schriftstücken sind ausschließlich Umschläge zu verwenden; das noch immer teilweise übliche Verfahren der Zusammenfaltung und Versiegelung eines Schriftstückes hat fortan zu unterbleiben. Die Umschläge sind, soweit möglich, mit Vordruck zu versehen.

1. § 10 gibt Anweisungen darüber, wie die Anfertigung von Abschriften amtlicher Schriftstücke möglichst eingeschränkt werden kann. Es entspricht seinen Absichten, daß der Weg des dienstlichen Verkehrs durch Übersendung von Reinschriften nur ausnahmsweise da gewählt wird, wo die Rücksicht auf die Vollständigkeit der Akten dieses Verfahren nahe legt, für die Regel aber der urschriftliche Verkehr bevorzugt wird (vgl. hierzu die Vorbemerkungen unter 1). Es lassen sich bei genauer Beachtung der Vorschriften des § 10 eine ganze Reihe von Vereinfachungen des schriftlichen Amtsverkehrs erzielen.

2. Abs. 2 des § 10 empfiehlt unter Verweisung auf die Muster der Anlage VII a bis c den sog. „kurzhändigen" oder urschriftlichen Verkehr. Seine Eigenart besteht, wie schon in den Vorbemerkungen unter 1b hervorgehoben wurde, darin, daß der Behörde, mit der in Verkehr getreten wird, alle durch die Behandlung der Angelegenheit erwachsenen Aktenstücke ohne Beifügung eines besonderen in Reinschrift übertragenen Begleitschreibens übersendet werden. Auf das letzte Aktenstück wird die Verfügung gesetzt, mit der die Akten weitergeleitet werden, wie das die Muster der Anlage VII a bis c erkennen lassen. Die für die sachliche Erledigung der Angelegenheit erforderlichen schriftlichen Ausführungen (Mitteilungen, Gutachten,

Ersuchen usw.) werden ohne weiteres der sog. „Leitungs-Verfügung" angehängt. Daß die Ausführungen vielleicht ziemlich umfangreich werden, steht der Benützung dieser Form nicht entgegen, auch ist es keineswegs unzulässig, sie im Verkehre mit übergeordneten oder im Range höher stehenden Behörden anzuwenden. Als ein Zeichen mangelnder Höflichkeit kann sie im Hinblick auf die Vorschriften des § 10 nicht mehr aufgefaßt werden.

Werden Akten „kurzhändig" versendet, so empfiehlt es sich, die Zurückbehaltung sog. „Remanentien" auch da anzuordnen, wo es nicht durch Geschäftsanweisungen und Registratur-Ordnungen ausdrücklich vorgeschrieben ist. Sie enthalten die Titel der Akten und die Aktenzeichen, und lassen ersehen, an welche Behörde die Akten geschickt worden sind.

Zulässig und üblich ist es, Akten auch bei mehreren Behörden durch „kurzhändige Verfügung" in Umlauf zu setzen. Man schreibt dann z. B.:

„V. k. H. an 1. das Kgl. Amtsgericht A. mit dem Ersuchen um Vernehmung des N. N. darüber, ob er usw.

2. das Kgl. Amtsgericht B. (Vormundschaftsgericht) zur gutachtlichen Äußerung . . . . ." ;

oder: „An das Kgl. Amtsgericht N. mit dem Ersuchen, dem Z. den wesentlichen Akteninhalt bekannt zu geben und die Akten sodann an das Kgl. Bezirksamt P. zur Kenntnisnahme und Rückleitung zu übersenden."

3. Soll in einer Sache die Tätigkeit mehrerer Behörden in Anspruch genommen werden, so empfiehlt es sich häufig, nicht die Akten in Umlauf zu setzen, sondern zum Zwecke rascherer Geschäftsbehandlung den urschriftlichen Verkehr und den Verkehr mit besonderen Schreiben zu verbinden. Auf diese Weise können unter Umständen eine ganze Anzahl von geschäftsleitenden Verfügungen gleichzeitig getroffen werden. Setzen wir folgenden Fall: Der unter Vormundschaft stehende Bäckerssohn Max Huber ist bei seiner Tante Eulalia Graunz in Schwabhausen bei Dachau untergebracht. Der Vormund wohnt in Simbach. Vormundschaftsgericht ist das Amtsgericht Freising. Der Vormundschaftsrichter erhält von einem Nachbar der Eulalia Graunz ein Schreiben, in dem sie beschuldigt wird, daß sie den Knaben mißhandle und verwahrlose. Der Vormundschaftsrichter wird nun etwa folgende Verfügungen auf die Rückseite des Briefes oder auf ein neues Aktenblatt schreiben:

„I. Schreiben an den Gemeindewaisenrat Schwabhausen.[1])
Ich ersuche, so bald als möglich festzustellen, wie der bei der Händlerin Eulalia Graunz in Schwabhausen untergebrachte Bäckerssohn Max Huber von N. erzogen und verpflegt wird usw.

II. Strafregisterauszug für Eulalia Graunz erholen.[2])

III. Die Versendung der Akten ist vorzumerken.[3])

IV. G. R. mit den Akten an das Kgl. Amtsgericht Simbach mit dem Ersuchen, dem Vormunde N. N. von dem Inhalte des Briefes vom . . . Kenntnis zu geben und ihn zu befragen. . . . .“

Hier sei bemerkt, daß es nicht unter allen Umständen zweckmäßig ist, die Akten kurzhändig zu versenden. Die Rücksicht auf eine bequeme Erledigung der Geschäfte darf nicht die materielle Behandlung einer Angelegenheit ungünstig beeinflußen. Sind z. B. in einer Nachlaßsache zwanzig oder dreißig Erben beteiligt, deren Wohnplätze über alle Gebiete des Deutschen Reiches verstreut sind, so ist es gefährlich, die Akten bei den sämtlichen Gerichten der Wohnorte umherlaufen zu lassen. Die Tätigkeit des Richters wird durch ein solches Verfahren für einige Monate lahm gelegt, weil er die Akten nicht zur Hand hat und nicht mit Sicherheit weiß, wo sie sich gerade befinden. Kommen dann Beteiligte, die einen Aufschluß begehren, oder gelangt ein neuer Einlauf an ihn, so muß er entweder sein Eingreifen für die nächste Zeit ablehnen oder zunächst durch längeres Herumschreiben sich die Akten wieder zu verschaffen suchen. Es ist für Fälle dieser Art schon im Interesse einer r a s c h e r e n Förderung der Sache anzuraten, daß entweder alle um Rechtshilfe zu ersuchenden Gerichte durch Schreiben in Reinschrift angegangen werden,[4]) oder daß die soeben unter 3 Abs. 1 geschilderte Mischung der Arten des Verkehrs gewählt wird.

4. Ist aus irgend einem Grunde die Versendung der Akten untunlich, will man aber gleichwohl das Schreiberpersonal nicht mit der Herstellung von Abschriften belasten, so kann eine Form des schriftlichen Verkehrs gute Dienste tun, die im § 10 zwar nicht ausdrücklich erwähnt ist, deren Statthaftigkeit und Zweckmäßigkeit aber

[1]) Dieses Schreiben wird in Reinschrift ausgefertigt.

[2]) Das hierzu erforderliche Schreiben wird — vielleicht unter Benützung eines Formulars — von der Kanzlei oder vom Schreibgehilfen hergestellt.

[3]) Vgl. oben Anm. 2 Abs. 2.

[4]) Vgl. § 11 Abs. 7 (autographische Abdrucke für gleichlautende Schreiben).

keinem Zweifel unterliegt. Es wird nicht ein Entwurf der hinausgehenden Schreiben zu den Akten angefertigt, sondern diese werden vom Richter (oder bei Verwaltungsbehörden vom Referenten) selbst hergestellt. Über den Vorgang wird eine kurze Aktennotiz aufgenommen. So könnte z. B. der Richter in dem unter Anm. 3 geschilderten Beispiele das Schreiben an den Gemeindewaisenrat Schwabhausen sofort eigenhändig ausfertigen und unter I nur vermerken: „Der Gemeindewaisenrat Schwabhausen wurde um Ermittelungen ersucht" (vgl. die Vorbemerkungen unter 1 c).

Nicht unzulässig ist es, einzelne Aktenstücke kurzhändig wegzuschicken, wenn man die Akten selbst nicht aus der Hand geben will oder kann. Doch muß dann der Vorgang mit besonderer Genauigkeit zu den Akten vorgemerkt werden, damit nicht Unklarheit darüber entsteht, was für Anordnungen getroffen wurden, und damit nicht Aktenstücke verloren werden. Es läuft z. B. ein Antrag ein, der unvollständig begründet oder nicht ganz verständlich ist. Er kann unter Umständen zur Ergänzung und Aufklärung von kurzer Hand zurückgegeben werden. Die Vormerkung zu den Akten wird etwa lauten: „Die Gemeinde-Verwaltung ..... hat in einem Schreiben vom 28. ds. Mts. beantragt, ... Das Schreiben wurde heute zurückgegeben mit dem Auftrag, aufzuklären ...."

5. Neu eingeführt hat die Bekanntmachung die Versendung von Akten und Aktenstücken ohne Beifügung eines Schreibens oder Berichtes (Abs. 3 und 4). In diesen Fällen ist nicht einmal die Unterschrift irgend eines Beamten auf dem die Sendung begleitenden Bogen erforderlich, sondern es genügt die Beidrückung des Amtssiegels (Muster der Anlage VIII). Die Versendung wird bei der absendenden Behörde durch eine Verfügung zu den zurückbleibenden Akten angeordnet; die im Abs. 5 vorgeschriebene Vormerkung über die Versendung wird zweckmäßiger Weise unmittelbar unter oder neben diese Verfügung gesetzt. Die Verfügung wird also lauten:

Die am 15. ds. Mts. vom Bezirksamte G. erholten Akten sind zurückzusenden.

P. den 10. April 1907.	Geschehen.
Kgl. Amtsgericht.	11. April 1907.
Unterschrift.	Unterschrift des Gerichtsschreibers.

In den Fällen des Abs. 3 (Mitteilung von Verfügungen an andere Stellen) ist nicht einmal die Beigabe eines Begleitbogens erforderlich; es kann hier unmittelbar auf der rechten Seite der Abschrift oberhalb des Textes oder auf der etwa freigelassenen linken Seite die Adressierung unter Beidrückung des Amtssiegels angebracht werden. Soll z. B. ein Beschluß einer Anzahl von Behörden mitgeteilt werden und bedarf es hierzu nach den bestehenden Vorschriften einer besonderen Form (etwa einer Zustellung) nicht, so wird der Richter oder Referent beim Niederschreiben des Beschlusses sofort die schriftliche Anordnung treffen: „Eine Abschrift an den Staatsanwalt bei dem Landgerichte N. zur Kenntnisnahme.“ Der Gerichtsschreiber oder sonstige Kanzleibeamte setzt auf die Abschrift den Vermerk: „An den Herrn Staatsanwalt bei dem Kgl. Landgerichte N. zur Kenntnisnahme,“ drückt das Amtssiegel bei und bestätigt bei der Verfügung die Versendung.

Es ist übrigens nicht unstatthaft, vielmehr im Interesse der Geschäftsvereinfachung durchaus zu billigen, daß mitunter bei der Versendung von Akten mit Begleitbogen oder von Abschriften mit Siegelaufdruck auch kurze Mitteilungen gemacht werden. Es ist keineswegs notwendig, daß unter jeder auch noch so kurzen Mitteilung der Name eines Beamten steht, oder daß gar wieder zu der schleppenden und umständlichen Form des Schreibens gegriffen wird: „Ich beehre mich, unter Zurückgabe der jenseitigen (!) Akten mitzuteilen.“ . . . . . Es sind z. B. aus Anlaß der Behandlung eines Gesuchs um Befreiung vom Ehehindernisse des Ehebruchs Akten des Vormundschaftsrichters erholt worden. Dieser hat vielleicht ein Interesse daran, vom Ausgange des Verfahrens Kenntnis zu erhalten. Es steht gar nichts im Wege, bei der Rückgabe seiner Akten auf den Begleitbogen oberhalb des Siegels zu schreiben: „Das Gesuch wurde abgewiesen.“

In der autographierten Entschließung vom 19. Juli 1905 hat das Staatsministerium der Justiz ausdrücklich auf die Vorschrift des § 10 Abs. 3 aufmerksam gemacht und eine Reihe von Fällen aufgezählt, in denen sie angewendet werden soll. Dabei wurde noch eine weitere Vereinfachung eingeführt. Bei Vorlagen an das Staatsministerium der Justiz können, wenn die Voraussetzungen des Abs. 3 § 10 vorliegen, auch die Angabe des Ortes und des Tages der Vorlegung und die „innere Adresse“ wegbleiben. Es genügt der einfache Vermerk „Vorgelegt“ und die Beidrückung des Amtssiegels. Ebenso können die Justizverwaltungs-Stellen bei der Zurückgabe von Vorlagen verfahren, indem sie den Vermerk „Zurückgegeben“ anwenden. Es ist wünschenswert, daß von diesen weitgehenden Erleichterungen auch im schriftlichen Verkehr zwischen gleichgeordneten Behörden Gebrauch gemacht wird. Dadurch kann u. a. bei der Erledigung von Rechtshilfesachen manche unnötige Schreiberei erspart werden. Der Spruch: „In Erledigung des Ersuchens vom 28. vor. Mts. ergebenst an das Kgl. Amtsgericht N. zurückgesendet“, kann samt Datum und Unterschrift wegfallen. Die ersuchende Behörde hat an diesen Dingen kein Interesse, für sie ist nur von Belang, was sachlich zur Erledigung des Ersuchens geschehen ist. Das gleiche gilt selbstverständlich bei der so außerordentlich häufig vorkommenden Zurückgabe „adhibierter“ Akten.

§ 11.

Die amtliche Schreibweise soll knapp und klar sein und sich dem allgemeinen Sprachgebrauche anschließen.

Entbehrliche Fremdwörter sind zu vermeiden.

Auch bei der Abfassung von Entwürfen ist stets zu beachten, daß eine deutliche Schrift das Lesen der Akten wesentlich erleichtert und beschleunigt und hierdurch ein wirksames Mittel zur Geschäftsvereinfachung bildet.

Alle Unterschriften müssen gut leserlich sein.

Gebräuchliche und leicht verständliche Abkürzungen sind auch in allen Reinschriften zulässig.

Für häufig wiederkehrende Fälle sind in möglichster Ausdehnung zu Entwürfen, Ur- und Reinschriften Formulare zu verwenden.

Von mechanischen Hilfsmitteln, wie Autographie-Pressen, Hektographen (für Schreiben von vorübergehender Bedeutung), Schreibmaschinen und Buchdruck, ist nach Maßgabe der verfügbaren Mittel möglichst weitgehender Gebrauch zu machen.

Die Benützung von Postkarten für kurze Mitteilungen ist im Verkehre mit Behörden und Privaten zulässig, soweit eine unverschlossene Mitteilung in dieser Form unbedenklich erscheint.

§ 12.

Die Fristen zur Erledigung von Aufträgen sind so zu bemessen, daß bei ordnungsmäßigem Geschäftsgange die Erledigung innerhalb der Frist möglich ist, und ein Mahnschreiben nicht erforderlich wird. Unnötige Mahnschreiben sind zu unterlassen.

Die Termine für wiederkehrende Vorlagen sind so zu verteilen, daß eine Häufung derselben insbesondere am Jahresschlusse tunlichst vermieden wird.

1. Die Weisungen, die der § 11 in Abs. 1 und 2 gegeben hat, werden am wenigsten beachtet, obwohl sie eigentlich selbstverständlich sind. Sie verlangen nichts anderes, als daß wieder eine natürliche Schreibweise ihren Einzug in die amtlichen Schriftstücke halten soll. Aber die althergebrachten Floskeln, die eine Generation von der anderen übernommen hat, lassen sich nicht von heute auf morgen ausrotten. Der Anfänger, der noch einen Rest von Sprachgefühl vom Gymnasium her mitbringt, den er durch die Universitätsjahre gerettet hat, liest sie zunächst mit Staunen und Widerwillen in den Akten. Allmählich aber gewöhnt er sich an sie: es ist so bequem, nach dem „Schimmel“ zu arbeiten. Und bei den Vorgesetzten macht er sich vielleicht nicht beliebt, wenn er mit „Neuerungen“ kommt. Der Mahner wird als unbequemer Störenfried abgewiesen. „Was wir erlernt mit Not und Müh, dabei laßt uns in Ruh' verschnaufen, hier renn' er uns nichts über'n Haufen“, sagt der Bureaukrat und das Beharrungs-Vermögen behält den Sieg.

Wir wollen hier den Kampf wieder aufnehmen, in dem schon Größere vergeblich ihre Kraft verbraucht haben. Vielleicht rütteln die fortgesetzten Mahnrufe doch den einen oder anderen Schläfer auf. Doch wollen wir dem Kampfplatz enge Grenzen ziehen.

a) Eine der hervorstechendsten Eigentümlichkeiten des Amtsstiles ist die Neigung, unzweideutige und einfache Ausdrücke durch gespreizte Umschreibungen zu ersetzen und so der Sprache die Wucht und die Kraft zu entziehen. Sie entspringt entweder aus der Freude an leerem Bombast oder aus der übertriebenen Vorsicht, die nichts mit klaren Worten sagen will, nicht als schwarz oder weiß zu bezeichnen wagt, was doch schwarz oder weiß ist. Deshalb gibt es für die Zopfträger z. B. kein „Ist“ mehr. Der Angeklagte ist nicht überführt, er ist „als überführt anzusehen“ oder „für überführt zu erachten“. Die Einwendung ist nicht unbegründet, sondern sie „stellt sich als unbegründet dar“, sie „erweist sich als unbegründet“ oder gar „als eine unbegründete“, oder sie „erscheint[1]) unbegründet“; die Vorschriften des Gesetzes sind nicht maßgebend, sondern sie „kommen als maßgebend in Betracht“. Auf die gleiche Weise entstehen Sätze wie: „Diese Annahme des Erstrichters kann als eine zu billigende nicht erachtet werden“ statt „diese Annahme wird nicht gebilligt (kann nicht gebilligt werden)“; oder „diesen Vorschlag können wir als einen, von dessen Ausführung man sich Erfolg versprechen kann, nicht betrachten“ statt „von der Ausführung dieses Vorschlags kann man sich keinen Erfolg versprechen“; oder „dieser Auffassung, die sich als von einer unrichtigen Auslegung des § 2229 BGB. ausgehend erweist, hat das Berufungsgericht nicht beitreten zu können geglaubt“, statt „dieser Auffassung konnte das Gericht nicht beitreten: sie geht von einer unrichtigen Auslegung des § 2229 BGB. aus“.

Nicht minder häßliche, die Sprache verunzierende Auswüchse entstehen, wenn die prädikativen Eigenschaftswörter nicht mehr für sich allein gesetzt, sondern mit dem unbestimmten Artikel versehen werden: eine Gewohnheit, die sich nur aus völliger Gedankenlosigkeit des Schreibenden erklären läßt, der dadurch die Sprache verwässert und mehr schreiben muß, wie wenn er den natürlichen Ausdruck beibehalten würde. „Sein Vorleben war ein wenig einwandfreies“; „sein Leumund ist ein sehr getrübter“; diese „Einwendung ist eine durchaus unbegründete“, „die Zahl der Teilnehmer war keine sehr hohe“.

Aus der Scheu vor dem Einfachen sind auch die unseligen Umschreibungen guter deutscher Zeitwörter zu erklären; wenn dieser Ver-

[1]) Der Gebrauch von „erscheinen“ statt „sein“ nimmt einen immer größeren Umfang an; das Verbum „sein“ wird ganz verdrängt werden, wenn diese Entwickelung fortschreitet. Dabei wird das „erscheint“ oft noch in grammatikalisch falscher Weise angewendet, nämlich nicht in dem Sinne von „tritt auf“, „zeigt sich“, sondern in der Absicht, eine Ausführung als das Ergebnis subjektiver Auffassung hinzustellen oder die Möglichkeit eines Zweifels anzudeuten. Man sagt z. B.: „Diese Darlegung erscheint verfehlt“ und will damit ausdrücken, daß sie der Schreibende für verfehlt hält. Es liegt hier wohl ein Durcheinanderwerfen von „erscheinen“ und „scheinen“ vor. (Auch im Abs. 8 des § 11 ist leider ein solcher Fehler unterlaufen).

wüstung der Sprache nicht Einhalt geboten wird, werden wir bald nur noch wenige Zeitwörter haben, etwa „bringen“, „kommen“, „stellen“. Auch hier macht man wieder die Wahrnehmung, daß der Aktenmensch lieber mehr schreibt, als daß er spricht, wie ihm der Schnabel gewachsen ist. Er kann nicht „vorlegen“, sondern nur „in Vorlage bringen“, nicht „anrechnen“, sondern nur „in Rechnung stellen“; er „führt nicht aus“, sondern „bringt zur Ausführung“, er „trägt“ seinem Chef nicht „vor“, sondern „bringt ihm zum Vortrag“, er „beseitigt“ nicht die Rückstände, sondern „bringt sie zur Beseitigung“ oder „läßt sie zur Beseitigung gelangen“, seine Termine „fallen“ nicht „weg“, sondern „kommen zum Wegfall“ oder „gelangen zum Fortfall“. Auch der Satz, daß „nichts gemeiner ist denn Sterben“, gilt für ihn nicht: er „geht“ würdevoll „mit Tod ab“.

Daß es im Deutschen Genitiv-Formen gibt, scheint auch in Vergessenheit geraten zu sein. Wo liest man noch: „die Behauptungen des Klägers sind widerlegt“? Vornehmer klingt doch: „die von dem Kläger vorgebrachten Behauptungen sind widerlegt“. Die „Berufung des Beklagten“ wird ersetzt durch „die von dem Beklagten eingelegte Berufung“ oder „die beklagtischerseits (!) eingelegte Berufung“ oder „die beklagtische Berufung“. Man getraut sich nicht mehr, von dem „Anspruche des Klägers zu reden“, es muß heißen „der von dem Kläger mit der Klage geltend gemachte Anspruch“ oder gar „der klagsgegenständige (!) Anspruch“.[1])

b. Beim Leser glauben die Meister des Aktenstiles auch nicht den geringsten Grad von Verständnis voraussetzen zu dürfen. Sie fürchten, er könne alles mißverstehen, alles verwechseln und durcheinanderbringen, wenn nicht die größte Vorsicht angewendet wird.

[1]) Das berühmte „derselbe“, über das schon so viel geschrieben worden ist, hat auch seine Bedeutung nur dadurch erlangt, daß man sich der einfacheren Wörter „er“ und „sein“ nicht mehr erinnert. Besonders schön wirkt es, wenn es zugleich mit der sog. „Inversion“ nach und angewendet wird. „Der Zeuge wurde am 25. Mai vernommen und sagte derselbe folgendes aus“; statt: „der Zeuge wurde .... vernommen; er sagte folgendes aus.“ „N. N. war hiermit nicht einverstanden und erklärte der Bevollmächtigte desselben, daß ...“; statt „N. N. war nicht einverstanden; sein Bevollmächtigter erklärte, daß ....“ Häufig könnte „derselbe“ einfach gestrichen werden. Z. B.: „Der Kläger beantragte in der Verhandlung vom 15. September 1905 .... Der Antrag (desselben) wurde jedoch zurückgewiesen.“

Wir haben schon einen hierher gehörenden Fall besprochen, in dem diese übertriebene Ängstlichkeit zu Sprachfehlern führt: die „eingelegte" Beschwerde. Die Zahl der Beispiele, in denen mit ähnlichen überflüssigen Beiwörtern gearbeitet wird, ließe sich leicht ins Unendliche vermehren. „Als Zeuge für diese Behauptung wurde der Kassier Mayer benannt; die stattgefundene (oder stattgehabte) Vernehmung desselben hat jedoch ergeben . . . ." Natürlich! Wenn es nur hieße „seine Vernehmung hat ergeben", so könnten dem Leser doch Zweifel darüber aufsteigen, ob die Vernehmung denn wirklich stattgefunden hat und ob der Richter die angeblichen Ergebnisse nicht aus den Fingern gesogen hat. Oder das Amtsgericht R. schreibt an das Amtsgericht P.: „Der Maurer Anton Huber von Hohenstadt wurde am . . . . . vom Schöffengerichte beim Amtsgerichte P. wegen Körperverletzung zu drei Monaten Gefängnis verurteilt. Ich ersuche um Übersendung der diesbezüglichen jenseitigen Akten". Würde es nur heißen: „Ich ersuche um Übersendung der Akten", so wäre mit Sicherheit anzunehmen, daß ganz andere Akten ankommen als die gewünschten. So spricht man denn auch regelmäßig von der „erhobenen Anklage", dem „gestellten Antrag", der „vorgebrachten Behauptung", dem „eingereichten Gesuch", den „angestellten" Ermittelungen, den „gepflogenen" Erhebungen, dem „ausgesprochenen Wunsch". („Das (eingereichte) Gesuch war daher abzuweisen", „diesem (ausgesprochenen) Wunsche kann nicht stattgegeben werden").

Würde man sich daran gewöhnen, schärfer zu prüfen, ob solche und ähnliche Beiwörter notwendig sind, so würde eine ganze Reihe von Ausdrücken verschwinden, die nur dem Papierdeutsch angehören und der lebendigen Sprache fremd sind, so z. B. „fraglich", „einschlägig", „diesbezüglich", „betreffend"[1]), „gegenwärtig", (die „gegenwärtige Beschwerde"), angezogen", „bezogen", (das „bezogene Aktenstück") usw.[2])

c) Als ihr besonderes Vorrecht betrachten die höheren Gerichte den Bau endloser Sätze, in denen sie eine ganze Reihe von Gedanken zusammenpacken. Je verwickelter der Sachverhalt, je schwieriger die rechtliche Würdigung, desto länger die Perioden. Gerade das Umgekehrte sollte der Fall sein. Ist eine Darlegung schon

---

[1]) Statt „betreffend" schreibt man jetzt manchmal auch „treffend" (z. B. die „treffenden Akten"). Dieser Ausdruck kommt uns wenig „treffend" vor.

[2]) Über „diesseitig", „jenseitig" usw. vgl. Bem. 2 d zu § 5, Fußnote.

ihrem Inhalte nach schwer verständlich, so tut der Schreibende gut daran, sie in ihre einzelnen Glieder zu zerlegen und kurze, einfache Sätze zu bilden. Sonst verliert der Leser den Faden und spricht, wenn er am Ende angelangt ist, die Worte des braven Kothner in den „Meistersingern“: „Ja, ich verstand gar nichts davon.“ Man kann sich nicht darauf berufen, daß auch bei den Klassikern zuweilen kunstvolle Satzgefüge vorkommen. Nicht jeder Oberlandesgerichtsrat ist ein Lessing.

Als abschreckendes Beispiel sei die Überschrift eines Urteils des Reichsgerichts aus der Sammlung der Entscheidungen in Zivilsachen (Bd. 63 S. 361) angeführt:

„Kann der Konkursverwalter, der in bezug auf einen Anspruch des Gemeinschuldners, welcher tatsächlich (?) schon vor der Konkurseröffnung zugunsten eines Gläubigers des Gemeinschuldners behufs Befriedigung des ersteren für diesen gepfändet und ihm überwiesen war, um die dem Anspruch entgegenstehende Einrede des nicht erfüllten Vertrags im Interesse der Konkursmasse zu beseitigen, Aufwendungen auf diesen gemacht hat, von dem Gläubiger wenigstens deren Erstattung an die Masse in Höhe der Bereicherung des Gläubigers verlangen?“ [1]) Die Rücksicht auf das einmal angenommene Schema, das Bestreben, den ganzen Tatbestand in einen Fragesatz zu pressen, haben hier eine unverzeihliche Verfehlung gegen den Geist der deutschen Sprache gezeitigt, die den Spott der Witzblätter förmlich herausfordert. Die Fassung hätte übrigens auch dann noch geschickter gestaltet werden können, wenn man die übliche Form der Überschrift um jeden Preis beibehalten wollte. Die schwerfällige Umständlichkeit, die dem Leser eigenes Mitdenken nicht zutraut, und das unerträgliche Einschachteln der Satzglieder hätten sich vermeiden lassen. Der Satz hätte vielleicht lauten können: „Kann der Konkursverwalter von einem Gläubiger des Gemeinschuldners Herausgabe der Bereicherung an die Konkursmasse verlangen, wenn er aus der Masse Aufwendungen gemacht hat, um die einem Anspruche des Gemeinschuldners entgegenstehende Einrede des nicht erfüllten Vertrags zu beseitigen, der Anspruch aber schon vor der Konkurseröffnung für den Gläubiger gepfändet und ihm überwiesen war?“ Schön ist auch diese Fassung nicht, aber sie ist immerhin verständlich.

„Wem gehört, wenn eine Frau Arbeiten, zu denen besondere technische Fertigkeiten erforderlich sind, in der Weise verrichtet, daß

---

[1]) Ein weiteres Beispiel aus der Rechtsprechung des Reichsgerichts ist in der Zeitschr. f. Rechtspflege in Bayern (1907 S. 200) angeführt.

ihre Arbeiten in dem von ihrem Manne betriebenen Gewerbe verwertet werden, das Erträgnis ihrer Tätigkeit"? So zu lesen in den Entscheidungen des Reichsgerichts in Zivilsachen Band 64 S. 323. Man kann nur darüber staunen, wie ein so einfacher Tatbestand in eine so absonderliche Form gekleidet werden konnte. Um noch besser „schachteln" zu können, hat der Verfasser dieses stilistischen Meisterstücks ganz überflüssiger Weise für jeden Nebengedanken einen eigenen Nebensatz gebildet. Warum konnte er nicht schreiben: „Wem gehört das Ergebnis der Tätigkeit einer Frau, die für das Gewerbe ihres Mannes Arbeiten verrichtet, zu denen besondere technische Fertigkeiten erforderlich sind?" Weniger Kunst wäre hier höhere Kunst gewesen.

Nicht immer treten die Folgen ungeschickten Satzbaus so deutlich zu tage. Die Gepflogenheit, die Sätze zu zerreißen und die Nebensätze in die Lücken einzuschieben, ist uns so geläufig geworden, daß wir über solche Satzbildungen hinweglesen, ohne sie als auffällig zu empfinden. Sie mag auch hingehen, wenn es sich nur um kurze Sätze handelt und nicht mehr als eine Einschiebung vorgenommen wird. Hat man aber einmal die Neigung zum „Schachteln" angenommen, so ist es sehr schwer sie wieder abzulegen, und man wird ihr unwillkürlich auch da folgen, wo sie Sprachsünden zeitigt. Man tut deshalb gut daran, ihr grundsätzlich entgegenzuarbeiten; zum mindesten sollte man ihr nie nachgeben, ohne zu überlegen, ob sich nicht eine bessere Fassung finden läßt.[1])

Beispiel. „Der Angeklagte, der den Mann, der ihm Wohltaten erwiesen hat, mißhandelt hat, hat dadurch eine große Roheit an den Tag gelegt." Dieser Satz ist zwar leicht zu überblicken, aber man sieht ihm sofort die Unbeholfenheit des Verfassers an. Die dreimalige Wiederholung des „hat" in kurzen Abständen macht ihn holperig und das nachhinkende „dadurch" ist nichts weniger als schön. Bei der Auflösung in zwei Teile und bei der Beseitigung eines der Relativsätze verschwinden diese Mängel sofort. „Der

[1]) Es wäre sehr zu wünschen, daß die Herausgeber unserer Zeitschriften aus den Urteilen des Reichsgerichts und der Oberlandesgerichte vor dem Abdrucke die stilistischen Fehler ausmerzen. Die Urteile werden sehr oft unter dem Druck einer übermäßigen Geschäftslast flüchtig niedergeschrieben und es schleichen sich deshalb nicht selten Verstöße ein, die der Verfasser selbst vermieden hätte, wenn er mit mehr Muße hätte arbeiten können. Man erweist ihm einen schlechten Dienst, wenn man seine Fehler im Drucke wiedergibt, und man versündigt sich damit auch an dem Leser, der allmählich jedes Sprachgefühl verliert.

Angeklagte hat eine große Roheit an den Tag gelegt. Denn er hat seinen Wohltäter mißhandelt."

d) Der Abs. 2 des § 11 verbietet den Gebrauch entbehrlicher Fremdwörter, er will damit nicht die Sprachreinigungswut fördern, sondern nur zur Aufmerksamkeit anspornen. Der Jurist gewöhnt sich auf der Universität sehr leicht an die unmäßige Verwendung der Fremdwörter, weil manche Professoren den wissenschaftlichen Anstrich ihrer Bücher und Vorlesungen durch das Einstreuen zahlreicher lateinischer und griechischer Ausdrücke zu erhöhen suchen. Auch sind die Wirkungen der übermächtigen Vorherrschaft des römischen Rechtes noch nicht ganz verschwunden. Die Gesetzgebung hat mit dem Fremdwörter-Wust in der neueren Zeit gründlich aufgeräumt, insbesondere hat das BGB. die im Pandektenrecht üblichen Bezeichnungen im großen und ganzen gut verdeutscht. Die Behörden dürfen nicht diesem Fortschritte dadurch entgegenarbeiten, daß sie die vom Gesetze über Bord geworfenen altertümlichen Ausdrücke wieder hervorsuchen. Es ist nicht mehr zeitgemäß, von einer „Obligation" statt von einem „Schuldverhältnisse" zu reden, den Erblasser als „den Defunkten" zu bezeichnen, „Servituten" an Stelle von „Grunddienstbarkeiten" zu bestellen, die „Annahme an Kindesstatt" „Adoption" zu nennen usw.

Überhaupt ist es ratsam, sich nach Möglichkeit an den Sprachgebrauch des Gesetzes zu halten. Urteile und Dienstschreiben, in denen veraltete, aus aufgehobenen Gesetzen stammende Bezeichnungen vorkommen, machen einen ungünstigen Eindruck: sie ziehen dem Verfasser den Vorwurf der Nachlässigkeit zu. Es ist wichtig, daß sich auch das Publikum mit der Sprache des Gesetzes und seinen Begriffsbestimmungen einigermaßen vertraut macht. Das ist aber nur denkbar, wenn die Einheitlichkeit der Schreibweise von den Behörden gewahrt wird und hiergegen wird sehr häufig gefehlt. Man schreibt nicht selten noch „das Kuratelgericht" oder die „obervormundschaftliche" oder „kuratelamtliche Genehmigung", während das Gesetz doch nur ein „Vormundschaftsgericht" und eine „vormundschaftsgerichtliche Genehmigung" kennt. Auch die „Verlassenschaft" und die „Großjährigkeit" sollten verschwinden.[1] [2])

[1]) Die preußischen Gerichte haben sich noch nicht alle dazu bequemt, den gräßlichen Ausdruck „Kaufgelderbelegungstermin" zu tilgen, obwohl doch das ZwVG. im „Verteilungstermine" einen ganz guten Ersatz hierfür geschaffen hat.

[2]) Aus der reichen Literatur über Amtsdeutsch u. dgl. seien angeführt: Schrader, Der Bilderschmuck der deutschen Sprache

2. a) In den Bemerkungen zu § 9 wurde u. a. die übermäßige Länge und Weitschweifigkeit der Tatbestände in den Zivilurteilen gerügt (Bem. 1 a). Der Satz, daß Kürze der Darstellung die Übersichtlichkeit mehr fördert als ängstliche Vielschreiberei, gilt selbstverständlich auch für die Abfassung anderer amtlicher Schriftstücke, insbesondere für die Gestaltung der Berichte an höhere Stellen. Das Bestreben, recht ausführlich, recht sorgfältig und recht deutlich zu sein, führt hier oft das Gegenteil des beabsichtigten Erfolges herbei. So ist es z. B. eine üble Gewohnheit, den Inhalt der einem Berichte beigegebenen Akten und Aktenstücke selbst dann wiederzugeben, wenn der Empfänger doch die Beilagen genau durchsehen muß, um sich ein richtiges Bild von der Sache zu machen und die Grundlagen für seine Entscheidung zu gewinnen. Man erleichtert ihm damit seine Aufgabe nicht, sondern nötigt ihn, mancherlei Dinge doppelt zu lesen. Würde er nur mit kurzen Worten über die wesentlichen Punkte unterrichtet, so wäre ihm damit besser gedient.

Der Amtsrichter hat z. B. ein Gesuch um Volljährigkeitserklärung behandelt. Er legt die Akten nach Abschluß der Ermittelungen dem Staatsanwalte vor. Es wird genügen, wenn er in der Form des Berichts oder einer kurzhändigen Verfügung[1]) die Darstellung des Sachverhalts und sein Gutachten etwa in folgender Weise zusammenfaßt: „Der am 15. April 1887 geborene Kaufmannssohn Karl Huber von N. hat im Einverständnisse mit seinen Eltern gebeten, ihn für volljährig zu erklären. Sein Vater will ihm die Leitung des Geschäfts übertragen, weil er kränklich ist.

(6. Auflage, 1901); Wunderlich, Der deutsche Satzbau (1901); Vogel, Ausführliches grammatisch-orthographisches Nachschlagebuch der deutschen Sprache (1902); Grunow, Grammatisches Nachschlagebuch (1906); Schiller, Handbuch der deutschen Sprache, 2. Auflage, (1903/05); Schleßing, Deutscher Wortschatz oder der passende Ausdruck (3. Auflage, 1903); Hetzel, Wie der Deutsche spricht (1896); Andresen, Sprachgebrauch und Sprachrichtigkeiten (9. Auflage, 1903); Vernaleken, Deutsche Sprachrichtigkeiten und Spracherkenntnisse; Heintze, Gut Deutsch (11. Auflage, 1902); Keller, Deutscher Antibarbarus (1886); Wustmann, Allerhand Sprachdummheiten (3. Auflage, 1903); Minor, Allerhand Sprachgrobheiten (1892); Wülfing, Was mancher nicht weiß; Sprachliche Plaudereien (1905); Schroeder, Vom papierenen Stil (6. Auflage, 1906); Rothe, Ueber den Kanzleistil (12. Auflage, 1902); Bruns, Die Amtssprache (6. Auflage, 1903); Bruns, Gutes Amtsdeutsch (2. Auflage, 1898); Günther, Recht und Sprache (1898).

[1]) Bem. 2 zu § 10.

Ich kann das Gesuch nicht befürworten. Die Ermittelungen haben ergeben, daß Karl Huber ein leichtfertiger und verschwenderischer junger Mann ist und daß seine kaufmännische Vorbildung nicht genügt, zumal das Geschäft einen sehr großen Umfang hat. Karl Huber hat ein eigenes Vermögen im Betrage von rund .... Mark; ich befürworte deshalb die Ansetzung einer Gebühr von .... Mark."

Der Leser ersieht aus diesem kurzen Berichte sofort, welche Angelegenheit in Frage steht und auf welche Punkte es ankommt. Aber der Berichtende glaubt vielfach seiner Pflicht nicht Genüge getan zu haben, wenn er nicht einen vollständigen Aktenauszug unterbreitet. Er beginnt zu erzählen, in welcher Form und an welchem Tage das Gesuch eingereicht wurde, er zählt alle Behörden auf, die sich zur Sache geäußert haben, und alle Personen, die er vernommen hat. Was sie gesagt haben, bekommen wir lang und breit, vielleicht sogar unter wörtlicher Anführung einzelner Stellen, zu hören; wir erfahren genau, wie sich die Tante Rosalie Biermann und der Oheim Franz Xaver Spitzlberger über den Lebenswandel des Karl Huber ausgesprochen haben, welche Noten dieser in der 1., 2. und 3. Volksschulklasse im Rechnen, Schönschreiben, Rechtschreiben und in der Religion davongetragen hat. Seine Geschwister werden nach Namen und Geburtsdatum angeführt. Geschenkt wird dem Leser höchstens die genaue Verzeichnung aller Warenbestände, die im Laden des Vaters lagern; sie wird durch Verweisung auf „actorum Nr. 47" ersetzt. Diese Dinge sind ja gewiß für den Leser sehr interessant und lehrreich, aber wenn er sie zweimal genießen muß, zunächst beim Studium des Berichtes und dann beim Lesen der Akten, so liegt die Gefahr nahe, daß er den Übereifer des Berichterstatters verwünscht.

b) Im Verkehre mit gleichgeordneten Behörden oder mit Behörden anderer Ressorts tritt eine solche übermäßige Vorsicht weniger oft hervor, eher könnte man hier über eine allzu große Kürze klagen. Besonders die Ersuchen um Rechtshilfe werden oft recht mangelhaft abgefaßt. Stettner hat in der Zeitschrift für Rechtspflege in Bayern (1907 S. 14) mit Recht den Gebrauch der bequemen aber nichtssagenden Formel „zur sachgemäßen Einvernahme" gerügt. Sie mutet dem ersuchten Richter zu, den Gedankenleser zu machen; sie führt zu unvollständiger und ungenauer Erledigung des Ersuchens und hat ärgerliche Erörterungen und Verstimmungen zur Folge. Es gehört zum nobile officium des ersuchenden Richters, der ersuchten Behörde die Erfüllung ihrer Aufgabe nach Möglichkeit zu erleichtern. Deshalb sollte er es nie unterlassen, ihr eine ganz kurze Darstellung des Sachverhalts zu geben und ihr die Punkte zu bezeichnen, auf die er besonderes Gewicht legt. Dann hat er auch einige Gewähr dafür, daß nichts übersehen wird.

c) Bei manchen Mittelstellen hat sich die Unsitte eingebürgert, die eingehenden Berichte nach oben mit einem neuen Berichte weiterzugeben, der den Inhalt des ersten Berichts ganz oder auszugsweise wiedergibt. Was neu hinzugefügt wird, läßt sich mit wenigen Worten sagen: die eigenen Äußerungen der Mittelstellen verschwinden deshalb förmlich unter dem Rattenkönige der Wiederholungen und der Empfänger muß sie erst mühsam zusammensuchen. Er hat einen Papierhaufen vor sich, mit dem er nichts anfangen kann.

3. Mit einigen Worten sei noch der Zitate gedacht. Daß es sich empfiehlt, so sparsam als möglich mit ihnen umzugehen, wurde schon früher bemerkt.[1]) Aber auch die Art ihrer Anbringung sollte sorgfältig überlegt werden. Es ist eine häßliche Gewohnheit, sie mitten in die Sätze einzuschieben. Sie stören so den natürlichen Fluß der Sprache; der Leser hat das Gefühl, als stolpere er, so oft er auf eine der zwischen Trennungszeichen gesetzten Verweisungen stößt. „Die Auslegung dieser Vorschrift — vgl. hierüber Endemann Bd. I. S. 213 — ist sehr bestritten." „Auch in der Rechtsprechung — Jur. W. 1898 S. 511 Nr. 13 — wurde die Frage verneint." „Aus dem Gesetze ergibt sich ohne weiteres — § 2113 mit § 1879 BGB. — daß diese Auffassung nicht richtig sein kann." Für die Regel sind die Zitate in Klammern an den Schluß der Sätze zu stellen; z. B. „Die Verjährung beseitigt nicht den Anspruch, sondern gibt dem Verpflichteten nur das Recht, die Leistung zu verweigern (§ 222 Abs. 1 BGB.)."

Die Verweisungen sind so kurz als möglich zu fassen, von den im Abs. 5 des § 11 empfohlenen Abkürzungen ist auch in Reinschriften nach Möglichkeit Gebrauch zu machen. Jedoch soll man nicht selbsterfundene und willkürliche Abkürzungen wählen, sondern nur allgemein verständliche und übliche.[2]) Deshalb soll man auch nicht gedankenlos Abkürzungen niederschreiben, die man kurz zuvor in irgend einem Buche gefunden hat; der Leser des Buches kann ihre Bedeutung leicht aus dem beigegebenen Verzeichnisse erkennen, an einer anderen Stelle aber bleiben sie unverständlich. Es ist eine

---

[1]) Bem. 1 e zu § 9.

[2]) Die Anwendung der vom Deutschen Juristentag vorgeschlagenen Signaturen ist wünschenswert.

unbegreifliche Nachlässigkeit, wenn man z. B. die Sammlung der Entscheidungen des Obersten Landesgerichts mit S. bezeichnet, weil diese Zitierweise in einer Textausgabe durchgeführt ist, die man gerade zur Hand hat. Sie kommt aber ebenso vor, wie der leichtsinnige Fehler, dem BGB. „Artikel" und den bayerischen Ausführungsgesetzen „Paragraphen" unterzuschieben.

Zuweilen wird man gewahr, daß gerichtliche Entscheidungen in einer recht eigentümlichen Form angeführt werden, die zu denken gibt. Man liest z. B. „vgl. Warneyer, Jahrbuch . . ." oder „s. a. Soergel, Rechtsprechung . . . .". Bei „Warneyer" und „Soergel" stehen aber nur die Leitsätze, welche die Verfasser dieser Bücher aus den Entscheidungen gewonnen haben; die Entscheidungen selbst und die ihnen beigegebenen Begründungen sind in Zeitschriften oder amtlichen Sammlungen abgedruckt. Wer also zitiert, wie angegeben, setzt sich dem Verdacht aus, daß er die Erkenntnisse, auf die er sich beruft, gar nicht im Urtexte gelesen und sie benützt hat, ohne zuvor die Begründung auf ihre Richtigkeit zu prüfen. Wir wollen annehmen, daß dieser Verdacht stets unbegründet ist. Aber man würde gut daran tun, auch den Schein zu meiden.

§ 13.

Soweit dies tunlich und mit dem geordneten Geschäftsgange vereinbar ist, sind die amtlichen Angelegenheiten mit anderen Stellen und Behörden, mit Referenten und Abteilungen derselben Stelle oder Behörde, sowie mit Privatpersonen im mündlichen oder telephonischen Verkehre zu erledigen. Nötigenfalls ist über die Unterredung eine kurze Vormerkung zu den Akten zu machen.

§ 14.

Die den Zivil-Staatsministerien untergeordneten Stellen und Behörden haben mit allen öffentlichen Organen dieser Ministerien, sowie mit Privatpersonen im ganzen Umfange des Königreiches dann in unmittelbaren Geschäftsverkehr zu treten, wenn weder eine Mitwirkung noch eine Kenntnisnahme von seite derjenigen Stellen

und Behörden notwendig ist, welche den Beteiligten zunächst vorgesetzt sind.

Ansinnen an Behörden, welche der veranlassenden Stelle oder Behörde nicht untergeordnet sind, haben in Ersuchensform zu ergehen. Die in dieser Weise angegangenen Behörden haben dem Ansinnen entsprechende Folge zu leisten.

Entschließungen, die ihrem ganzen Inhalte nach mehreren Unterbehörden oder mehreren Beteiligten zu eröffnen sind, soll die erforderliche Zahl von Abdrücken beigefügt werden.

1. Die Vorschriften des § 13 bedürfen keiner eingehenderen Erläuterung. Zu § 14 ist zunächst hervorzuheben, daß der unmittelbare schriftliche Verkehr mit Privatpersonen immer da anzuwenden ist, wo die Vermittelung einer anderen Behörde entbehrt werden kann.[1]) Vor allem kann man Bescheide auf Anträge, Gesuche und Beschwerden durch einfache Briefe erteilen, soferne gesetzliche Vorschriften nicht eine besondere Form der Zustellung fordern. Den Weg der Rechtshilfe zu beschreiten, ist weder notwendig noch immer ratsam.

Die höheren Stellen pflegen nicht selten mit der Erteilung eines Bescheides die Unterbehörden zu beauftragen. Gegen dieses Verfahren sprechen manchmal sachliche Bedenken. Die Privatperson, die eine Beschwerde oder ein Gesuch eingereicht hat, erwartet einen Bescheid von der Stelle, an die sie sich gewendet hat. Sie wird mißtrauisch, wenn ihr die Antwort durch eine andere Behörde zugeht, vielleicht gerade durch die Behörde, über die sie sich beschwert hat; sie gerät auf den Gedanken, daß die Oberbehörde ihre Eingabe gar nicht gesehen oder doch nicht geprüft habe, zumal wenn der Bescheid abweisend lautet. Leute, die zum Querulieren neigen, antworten dann sofort mit einer neuen Eingabe; sie würden sich vielleicht beruhigt haben, wenn sie aus einer unmittelbaren Zuschrift der höheren Stelle ersehen hätten, daß ihre Bitte oder Beschwerde gewürdigt worden ist.

2. Der unmittelbare schriftliche Dienstverkehr zwischen Behörden, die nicht dem nämlichen Ministerium unterstehen, wird durch

---

[1]) Vgl. Bem. 1 zu § 8, Fußnote.

§ 14 Abs. 1 in weitestem Maße gestattet. Der Umstand, daß eine Behörde der anderen im Range übergeordnet ist, steht dem unmittelbaren Schriftenwechsel nicht entgegen. Jedes Amtsgericht kann sich also z. B. ohne weiteres an die Kreisregierungen wenden. Auch in solchen Fällen sind die Höflichkeitsausdrücke auf das geringste Maß zu beschränken (§ 8). Ferner soll man eine überflüssige Inanspruchnahme der oberen Stellen vermeiden, wenn man Behörden eines anderen Geschäftszweiges angeht. Man soll z. B. nicht die Vermittelung der Bezirksämter anrufen, wenn man von Gemeindebehörden oder von der Gendarmerie Auskunft verlangt.

A contrario ist aus Abs. 1 zu folgern, daß es den Behörden nicht erlaubt ist, sich unter Umgehung des Dienstwegs an ein Ministerium zu wenden, dem sie nicht unterstehen, soweit nicht besondere Vorschriften für einzelne Fälle Ausnahmen vorsehen [1]). Es ist die Vermittelung der zunächst vorgesetzten Behörde in Anspruch zu nehmen. Das gilt auch für den Verkehr der Zivilbehörden mit dem Kriegsministerium, wie aus der Bekanntmachung Nr. 9768 vom 28. April 1901 hervorgeht.

Die Vorschrift des § 14 Abs. 1 ergibt, daß auch die Oberbehörden bei dienstlichen Eröffnungen die mittleren Behörden überspringen und sich ohne weiteres an die untersten Stellen wenden können, wenn anzunehmen ist, daß die Mittelstellen kein dienstliches Interesse an der Angelegenheit haben. In solchen Fällen kann auch die Antwort unmittelbar der Stelle erteilt werden, von der die Entschließung ausging (vgl. die autogr. Entsch. des Staatsministeriums der Justiz vom 19. Juli 1905 [Anhang II] unter Nr. 8).

3. Der Abs. 3 des § 14 geht in seiner Bedeutung noch weiter als die übrigen Vorschriften der Bekanntmachung. Er legt allen Behörden die Verpflichtung auf, den nicht vorgesetzten Behörden des eigenen und anderer Ressorts Hilfe zu leisten, also z. B. ihnen auf Verlangen Auskunft zu erteilen. Diese Verpflichtung wird jedoch begrenzt durch die sachliche und örtliche Zuständigkeit der ersuchten Behörde, es geht selbstverständlich nicht an, auf Grund der Vorschrift des Abs. 3 einer Behörde Handlungen zuzumuten, die außerhalb ihres Geschäftskreises liegen.

4. Die Anordnungen, welche die Verteilung der für Unterbehörden oder Privatpersonen bestimmten Abdrucke zum Gegenstande

[1]) Es ist den Behörden auch nicht gestattet, sich ohne Vermittelung der Staatsministerien an die allerhöchste Stelle zu wenden.

haben, sind nicht in den Text der amtlichen Schreiben aufzunehmen; es ist zweckmäßiger, sie auf der linken Seite des Bogens unter der Überschrift „Beilagen" anzubringen (vgl. Bem. 2e zu § 5).

Beispiel:

Kgl. Regierung von Niederbayern
Kammer des Innern.

Landshut, den 29. April 1907.

An
das Kgl. Bezirksamt Vilsbiburg.

Betreff:
Das Verhalten des Bürgermeisters
N. in N.

Zum Berichte vom 6. vor. Mts.

Beilagen:
1. 2 Akten;
2. 15 Abdrucke der Entschließung zur Mitteilung an Bürgermeister N., die Gemeindeverwaltung N. und die 13 Beschwerdeführer.

§ 15.

Die vorstehenden Vorschriften treten sofort in Wirksamkeit.

Die vorhandenen Formulare für amtliche Berichte, Schreiben und Erlasse dürfen noch benützt werden.

Die einzelnen Staatsministerien behalten sich vor, soweit dies nicht bereits geschehen ist, innerhalb ihres Geschäftskreises sonstige, auf tunlichste Geschäftsvereinfachung abzielende Anordnungen zu treffen.

München, den 28. April 1901.

Dr. Graf v. Crailsheim. Dr. Frhr. v. Riedel.
Dr. Frhr. v. Feilitzsch. Dr. Frhr. v. Leonrod.
Dr. v. Landmann.

Muster.[1] Anlage I

München, den 1. Juli 1901.

eingel. 2. Juli 1901, Nr. 18507.
5 Beilagen.

An
das K. Staatsministerium
des Innern.

Betreff:
Naturalisation des Ernst Kurz
aus Wien.

Beilagen:
5 amtliche Zeugnisse.

Nr. 18507.[2]

G. R. an die K. Regierung, Kammer des Innern, von Oberbayern zur weiteren Behandlung.

München, den 3. Juli 1901.
K. Staatsministerium des Innern.

(Unterschrift oder Siegel.)[3]

Ernst Kurz,
Kaufmann in München,
Amalienstraße 60/III.

---

[1] Die der Bekanntmachung beigefügten Muster wurden mit einigen Zusätzen versehen, die zur Veranschaulichung des Geschäftsganges dienen sollen. Sie sind durch besondere Schriftzeichen kenntlich gemacht. Muster I zeigt die Eingabe einer Privatperson an ein Ministerium (§ 4 der Bek.) und die Verfügung, die das Ministerium auf die Eingabe trifft.

[2] Bei Behörden, die Einlaufjournale führen, empfiehlt es sich, die Einlauf-Nummer jeder Verfügung beizusetzen; dadurch wird der Dienst des Kanzleipersonals erleichtert; es wird ihm das Suchen nach der Nummer erspart, die es beim Auslaufen der Akten in dem Journale zu löschen hat.

[3] Vgl. § 10 Abs. 4 der Bek. und Bem. 5 hierzu.

Anlage II.

Scheyern, den 1. Oktober 1901.

Eingel. 2. Okt. 1901; Nr. 7219.
12 Beilagen.

An
das K. Bezirksamt
Pfaffenhofen.

Betreff:
Gemeindeumlagen.

Beilagen:
12 Quittungen.

Nr. 7219.

I. An Herrn Joseph Huber,
Bauer in Scheyern.[1])

Betreff: Gemeindeumlagen.

Zur Eingabe vom 1. ds. Mts.

Ihre Eingabe lässt eine Mitteilung darüber vermissen, ob

....

Ich ersuche Sie, hierüber so bald als möglich Aufschluss zu geben.

Exp. am 5. Okt. 1901. M.[2])

II. Wiedervorzulegen nach 14 Tagen.

Pfaffenhofen, den 4. Okt. 1901.
K. Bezirksamt.
Rauh.

Joseph Huber,
Bauer in Scheyern.

---

[1]) Unmittelbarer Verkehr mit Beteiligten (§ 14 der Bek.). Das Schreiben unter I wird in Reinschrift ausgefertigt. Die Eingabe und die darauf gesetzte Urschrift bleiben bei den Akten (vgl. die Vorbem. unter 1 a).

[2]) Handzug des mit der Expedition betrauten Beamten.

Nr. 10910. **Anlage III.**[1])

Landshut, den 8. August 1901.

K. Regierung
von Niederbayern,
Kammer des Innern.

An
das K. Staatsministerium des
Innern für Kirchen- und
Schulangelegenheiten.

Betreff:
Schulhausneubau in Berg.

Die Verhandlungen sind jetzt abgeschlossen.[2]) *Die Gemeinde B. hat sich bereit erklärt* ....

Zur Min.-Entschl.
vom 4. Juli 1901 Nr. 8970.

Beilagen:
2 Akten,
1 Planmappe.

Referent: Regierungsrat Klug.

Unterschrift des Regierungspräsidenten.

---

[1]) Reinschrift eines Berichts (vgl. § 5 der Bek.); die Urschrift des Berichts ist als „Remanens" bei den Akten der Regierung zurückgeblieben.
[2]) Keine Eingangsformel (vgl. die Bem. 2 u. 3 zu § 5 der Bek.).

Anlage IV.

Nr. 21 700. Speyer, den 18. Oktober 1902.

K. Regierung der Pfalz, Kammer des Innern.

Eingel. 20. Okt. 1902; Nr. 1508.
7 Beilagen.

An
den Herrn Staatsanwalt[1])
bei dem K. Oberlandesgerichte
Zweibrücken.

Betreff:
Namensänderung des Johann Klein in Kaiserslautern.

Zu .... Nr. ....

Beilagen:
1 Aktenheft, } g. R.
2 einzelne Schriftstücke }

Nr. 1508.

G. R. mit allen Beilagen an den Herrn Staatsanwalt bei dem K. Landgerichte Kaiserslautern[2])

mit dem Auftrage, zunächst festzustellen, ob ....

Zweibrücken, 22. Okt. 1902.
Der K. Oberstaatsanwalt.
Weiss.

Unterschrift des Regierungspräsidenten.

---

[1]) Statt „Staatsanwalt" müßte es hier eigentlich heißen: „Oberstaatsanwalt". Es scheint bei der Feststellung der Muster hier ein Versehen unterlaufen zu sein.

[2]) Urschriftlicher Verkehr (§ 10 der Bek.; vgl. die Vorbemerkungen unter 1 b).

Anlage V.

Nr. 15 666. Bayreuth, den 9. September 1903.

K. Regierung von Oberfranken, Kammer des Innern.

Eingel. 12. Sept. 1903; Nr. 3786.
3 Beilagen.

An das K. Bezirksamt Teuschnitz.

Betreff:
Heimat des Joseph Schmidt in Langenau.

Zum Bericht vom 10. Juni 1903 Nr. 4100.

Beilagen: 3 Aktenhefte.

Nr. 3786.[1]

I. Eine Abschrift der Entschliessung ist der Gemeindeverwaltung D. zur Kenntnisnahme zu übersenden. [*gesch. 14. 9. 1903. R.*[2]]

II. An das K. Bezirksamt Kronach.
Betreff: wie oben.
Die Regierung von Oberfranken hat angeordnet, dass Erhebungen darüber zu pflegen sind, ob .... Ich ersuche hiernach usw. .... [*Exp. 14. 9. 1903. R.*[2]]

III. Die Versendung der Akten ist vorzumerken.[3]

IV. G. R. mit allen Beilagen an das K. Bezirksamt Bamberg mit dem Ersuchen, durch Vernehmung des Bauers N. in F. festzustellen, ob .... [*gesch. 14. 9. 1903. R.*[2]]

Teuschnitz, 13. Sept. 1903.
K. Bezirksamt.
Hacker.

Unterschrift des Regierungspräsidenten.

Sebald.[4]

---

[1]) Beispiel für die Verbindung mehrerer Verfügungen; Verbindung des urschriftlichen Verkehrs und des Verkehrs mit Reinschriften (vgl. Bem. 3 zu § 10 der Bek.). Das Schreiben unter II wird in Reinschrift hergestellt, worauf die Akten an das Bezirksamt Bamberg weitergehen.

[2]) Handzug des expedierenden Kanzleibeamten.

[3]) Vgl. Bem. 2 zu § 10.

[4]) Unterschrift des Referenten (Bezirksamtsassessors), der die Verfügung entworfen hat.

Anlage VI.[1])

Nr. 3107. Lindau, den 1. Juni 1902.

K. Bezirksamt
Lindau.

An
Herrn Ludwig Stein, Schlosser
in Immenstadt.

Betreff:
Verehelichungszeugnis.

Zur Vorstellung
vom 15. April 1902.

Beilagen:
1 Zeugnis.

Ihrem Antrage konnte nicht entsprochen werden,[2]) weil das Bezirksamt nicht zuständig ist, darüber zu entscheiden, ob ....

Es muss Ihnen überlassen bleiben, Ihren Antrag bei dem

anzubringen.

Unterschrift des Bezirksamtmanns.

---

[1]) Reinschrift eines Schreibens an eine Privatperson.
[2]) Keine Eingangsformel (vgl. Bem. 2 d zu § 5 der Bek.).

Anlage VII.[1]

Nr. 6152.

a) ./. 2c.

Vorgelegt der K. Regierung der Pfalz, Kammer des Innern, mit 2 Akten und 1 Beilage.

Frankenthal, den 11. November 1902.

K. Bezirksamt.

Unterschrift des Bezirksamtmanns.

Nr. 2605.

b) ./. 2c.

G. R. mit 4 Beilagen an das K. Rentamt Traunstein mit dem Ersuchen um Aeußerung.

Traunstein, den 1. Mai 1903.

K. Amtsgericht.

Unterschrift des Oberamtsrichters.

Nr. 10666.

c) ./.

G. R. mit 1 Beilage an das K. Bezirksamt Scheinfeld zur Berichterstattung.

Ansbach, den 4. April 1904.

K. Regierung von Mittelfranken, Kammer des Innern.

Unterschrift des Regierungspräsidenten.

---

[1]) Beispiele für den urschriftlichen Verkehr (§ 10 der Bek.). An Stelle der Unterschrift könnte auch der Siegelaufdruck treten.

Anlage VIII.[1])

Nr. 120. Lenggries, den 15. Mai 1901.

Gemeindeverwaltung
Lenggries.

An
das K. Bezirksamt
Tölz.

Betreff:
Gemeinderechnungen für 1900. Amtssiegel ....

Zum Ausschreiben vom 1. März 1901
Nr. 612.

Beilagen:
6 Rechnungen,
1 Aktenheft.

---

[1]) Beispiel für den Begleitbogen mit Siegelaufdruck (§ 10 Abs. 4 der Bek.).

Anhang.

I.

Nr. 9768.

Bekanntmachung, den dienstlichen Verkehr betreffend.

K. Staatsministerien des Königlichen Hauses und des Aeußern, der Justiz, des Innern beider Abteilungen, dann der Finanzen und K. Kriegsministerium.

Mit Allerhöchster Genehmigung Seiner Königlichen Hoheit des Prinz-Regenten wird verfügt, daß die Bestimmungen der unter'm Heutigen ergangenen gemeinschaftlichen Bekanntmachung der Königlichen Zivil-Staatsministerien, die Vereinfachung des dienstlichen Verkehrs betreffend, auch im Verkehr zwischen Zivil- und Militärbehörden, zwischen Zivilbehörden und Militärpersonen und zwischen Militärbehörden und Privatpersonen entsprechend anzuwenden sind.

Die Bekanntmachung des K. Kriegsministeriums vom 28. Oktober 1876 (Gesetz- und Verordnungsblatt Seite 831, Verordnungsblatt des K. Kriegsministeriums Seite 548) tritt hiedurch außer Kraft.

München, den 28. April 1901.

Dr. Graf v. Crailsheim. Dr. Frhr. v. Riedel. Dr. Frhr. v. Feilitzsch.
Dr. Frhr. v. Leonrod. Frhr. v. Asch. Dr. v. Landmann.

Anhang.

II.

Autographierte Entschließung des Staatsministeriums der Justiz Nr. 27626 vom 19. Juli 1905, die Vereinfachung des dienstlichen Verkehrs betr.

Das Staatsministerium der Justiz hat den ihm untergeordneten Behörden schon wiederholt empfohlen, sich bei der Erstattung von Berichten möglichst kurz zu fassen. Auch im § 11 der Bekanntmachung der Zivilstaatsministerien vom 28. April 1901, die Vereinfachung des dienstlichen Verkehrs betr. (JMBl. S. 363), ist angeordnet, daß die amtliche Schreibweise knapp sein soll. Trotzdem wird noch häufig eine breite Darstellung als Zeichen besonderer Sorgfalt und Gründlichkeit angesehen. Jede schriftliche Arbeit gewinnt durch Knappheit der Fassung an innerem Werte; breite und weitschweifige Darlegungen kosten nicht nur sowohl den Verfasser als den Leser unnötigerweise Zeit, sondern setzen auch den Verfasser dem Verdacht aus, daß er sich von dem Sachverhalt, über den er berichtet, kein klares Bild gemacht und nicht vor der Verfassung des Berichts dessen Inhalt genügend überlegt hat.

Das Staatsministerium der Justiz sieht sich deshalb veranlaßt, die Vorschrift im § 11 der angeführten Bekanntmachung hiermit wieder einzuschärfen und dabei zu ihrem Vollzug und im Interesse der Vereinfachung des dienstlichen Verkehrs überhaupt folgendes anzuordnen:

1. Es ist unstatthaft, die allgemeinen Anordnungen, die die Erstattung eines Berichtes veranlassen, in dem Berichte zu erwähnen, wenn nicht die Erörterung der

Sache es notwendig macht, sie zu erwähnen oder näher auf sie einzugehen. Dagegen muß die besondere Anordnung, die die Erstattung des Berichts veranlaßt hat, auf der linken Hälfte der ersten Seite des Berichts angegeben werden (§ 5 Abs. 2 Nr. 5 der Bekanntmachung vom 28. April 1901).

2. Die Beilagen sind zu numerieren, ihre Zahl ist auf der linken Hälfte der ersten Seite anzugeben (§ 5 Abs. 2 Nr. 6 a. a. O.). Dagegen wird hiermit untersagt, die Beilagen unter Angabe des Datums und des Betreffs an dieser Stelle oder im sachlichen Teile des Berichts einzeln aufzuzählen.

3. Besondere Beschränkung ist bei der Benützung des Inhalts der Beilagen zu üben. Es darf davon nur so viel in den Bericht aufgenommen werden, als nach dem Zwecke der Berichterstattung unerläßlich ist; denn bei der Behörde, für die der Bericht bestimmt ist, müssen die Beilagen ebenso gelesen werden wie der Bericht.

Enthalten die Beilagen das Ergebnis von Ermittelungen, so genügt es in den meisten Fällen, im Berichte die Folgerungen aus dem Inhalte der Beilagen zu ziehen und eine kurze gutachtliche Äußerung beizufügen.

4. Die Behörde, die den Bericht einer ihr untergebenen Behörde einer höheren Aufsichtsbehörde vorlegt, darf nicht den Inhalt dieses Berichts in ihrem Berichte wiedergeben.

Es ist ferner überflüssig, in Berichten über Anstellungs- oder Beförderungsgesuche Dinge zu erwähnen, die den vorgesetzten Behörden aus den Akten schon bekannt sind, z. B. die Prüfungsnoten, die Behörden, bei denen der Bewerber in Praxis stand, die bisherige dienstliche Laufbahn des Beamten, den Inhalt und die Begründung der Qualifikation.

5. Unstatthaft ist es, einen für das Staatsministerium der Justiz bestimmten Bericht mit einem an die zunächst vorgesetzte Dienstbehörde gerichteten besonderen Berichte dieser vorzulegen. Der Bericht ist, soweit nicht für bestimmte Fälle etwas anderes vorgeschrieben ist,[1]) an die zunächst vorgesetzte Dienstbehörde zu richten und diese hat ihn mit einem möglichst kurzen Berichte, in der Regel mit einem sogenannten Randberichte, dem Ministerium vorzulegen.

6. Die Hinweisung auf Gesetze, Verordnungen oder Entschließungen durch die in Klammern gesetzte Angabe des Datums, des Betreffs und der Stelle des amtlichen Blattes, an der sie abgedruckt sind, ist auf das äußerste zu beschränken. Ist die Hinweisung nicht zu umgehen, so sollen nur das Datum und die Stelle des amtlichen Blattes angegeben werden, z. B. Bekanntmachung vom 15. Mai 1874, JMBl. S. 139.

7. Gebräuchliche und verständliche Abkürzungen sind auch in Berichten an höhere Stellen zulässig.

8. Ist nach den bestehenden Vorschriften unter Abweichung vom Dienstweg unmittelbar an eine höhere Aufsichtsbehörde zu berichten, so ist, soweit nicht für bestimmte Fälle etwas anderes vorgeschrieben ist,[2]) die Erstattung von Berichten an die übrigen Aufsichtsbehörden zu unterlassen.

Unmittelbar an das Staatsministerium der Justiz hat eine seiner Aufsicht nicht unmittelbar unterstellte Behörde insbesondere dann zu berichten, wenn die Bericht-

---

[1]) Z. B. § 13 der Bekanntmachung vom 19 Juli 1905 Nr. 27484, die Handhabung der Dienstaufsicht über die Gerichte und die Notariate durch die äußeren Dienstaufsichtsbehörden betr.

[2]) Z. B. § 17 Abs. 2 der Bekanntmachung vom 19. Juli 1905 Nr. 27484, die Handhabung der Dienstaufsicht über die Gerichte und die Notariate durch die äußeren Dienstaufsichtsbehörden betr.

erstattung durch eine unmittelbar an sie ergangene Entschließung des Ministeriums veranlaßt worden ist. In diesem Falle findet Berichterstattung auf dem Dienstwege nur in denjenigen Angelegenheiten statt, für die es durch eine allgemeine oder eine besondere Vorschrift des Staatsministeriums der Justiz ausdrücklich angeordnet ist.

9. Von dem nach § 10 Abs. 3 der Bekanntmachung vom 28. April 1901 zulässigen Verfahren wird im Verkehre mit den vorgesetzten Stellen viel zu wenig Gebrauch gemacht. Die Bestimmung ist in allen Fällen anwendbar, in denen weder die Vorlegung begründet, noch das vorzulegende Schriftstück erläutert zu werden braucht. In dieser Weise können also z. B. auch vorgelegt werden

die nach § 28 Abs. 2 Ziff. 2 Abs. 2 und den §§ 34, 35 der Bekanntmachung vom 7. Januar 1901 (JMBl. S. 65) vorzulegenden Anzeigen, Übersichten und Verzeichnisse,

die Ergänzungen der Personalbögen,

die Abschriften von dienstaufsichtlichen Verfügungen und von Beschlüssen der Präsidien in Dienstaufsichtssachen,

die Abschriften der von den Präsidien auf Grund des Art. 3 des Disziplinargesetzes für richterliche Beamte gefaßten Beschlüsse,

die Abschriften von Urteilen und Beschlüssen in Dienststrafsachen,

die Geschäftsübersichten,

die Entwürfe der Regierechnungen,

die Übersichten über die Erträgnisse der Notariate,

die Übersichten über die Erträgnisse der Gerichtsschreibereien,

die Auszüge aus den Vormerkungsbüchern nach

§ 22 der Bekanntmachung vom 11. Juli 1900 (JMBl. S. 1010),

die Rückstandsverzeichnisse nach § 98 der Vorschriften für die Geschäftsbehandlung in den zur Zuständigkeit der Schöffengerichte gehörigen Strafsachen vom 20. August 1879.

Bei solchen Vorlagen genügen der Vermerk „Vorgelegt" und die Beidrückung des Amtssiegels; die Angabe des Ortes und des Tages der Vorlegung, die Unterschrift des Beamten und eine innere Adresse sind entbehrlich. Ebenso ist bei der Zurückgabe von Vorlagen zu verfahren; ist eine sachliche Bemerkung dazu nicht veranlaßt, so genügen der Vermerk „Zurückgegeben" und die Beidrückung des Amtssiegels.

10. Bei Vorlagen und Berichten an die vorgesetzten Stellen dürfen Höflichkeitsausdrücke weder im Text noch bei der Unterfertigung gebraucht werden.

11. Die Vorschriften über die Berichterstattung in Begnadigungssachen bleiben unberührt.

1. Zu Nr. 1. Es ist z. B. nicht erforderlich, bei der Vorlegung von Gesuchen um Befreiung von Ehehindernissen, um Volljährigkeitserklärungen, Ehelichkeitserklärungen u. dgl. auf die Ministerial-Bekanntmachungen zu verweisen, durch welche die Behandlung solcher Gesuche geregelt wurde. Ebenso können bei den sehr häufigen Berichten über die persönlichen Verhältnisse der Beamten die Verweisungen auf Ministerialentschließungen u. dgl. wegbleiben (vgl. im übrigen Bem. 1 zu § 3 und Bem. 2 d zu § 5 der Bek.).

2. Zu Nr. 2. Aus der Vorschrift, daß die Aufzählung der Beilagen im einzelnen unterbleiben soll, darf nicht geschlossen werden, daß auf der linken Hälfte der ersten Seite immer nur die Zahl der Beilagen angegeben werden dürfte (Mit . . . Beilagen). Es ist die Beschränkung auf die Angabe der Zahl allerdings immer dann zu empfehlen, wenn nicht besondere Gründe es wünschenswert machen, einzelne Beilagen besonders hervorzuheben. Unter Umständen kann

aber eine genauere Bezeichnung zweckmäßig sein, wobei jedoch stets die kürzeste Form zu wählen ist (z. B. „Mit 3 Akten, 4 Aktenstücken, einer Plan-Skizze"; vgl. Bem. 2 e Abs. 2 zu § 5 der Bek.).

3. Zu Nr. 3 vgl. Bem. 2 a zu § 11 der Bekanntmachung.

4. Zu Nr. 5. Die sog. „Begleitberichte" wurden früher besonders häufig dann angewendet, wenn Beamte in persönlichen Angelegenheiten eine Bitte an eine höhere Stelle richteten und das Gesuch auf dem Dienstweg einreichten. Man verfaßte z. B. bei einem Gesuch um Gewährung eines außerordentlichen Urlaubs zwei gesonderte Schreiben; das eine enthielt die unmittelbar an das Ministerium gerichtete Bitte um Urlaub, das zweite richtete sich an den Amtsvorstand und enthielt die Bitte, das Gesuch auf dem Dienstwege vorzulegen.

Beispiel:

1. An das
Kgl. Staatsministerium der Justiz.

Betreff:
Urlaub.

Nürnberg den

Da ich im .... ds. Js. eine schwere Krankheit durchzumachen hatte und nach dem beiliegenden ärztlichen Zeugnisse mein Gesundheitszustand eine Reise nach dem Süden nötig macht, bitte ich um die Gewährung eines außerordentlichen Urlaubs in der Zeit vom

Unterschrift.

2. An den
Herrn Präsidenten des Kgl. Landgerichts

Betreff:
Urlaub.

Nürnberg, den ....

Das beiliegende Gesuch um Gewährung eines außerordentlichen Urlaubs bitte ich befürwortend der höchsten Stelle vorzulegen

Unterschrift.

Nach der Vorschrift in Nr. 5 der autographierten Entschließung ist jetzt nur noch ein Schreiben zu verfassen. Es hat sich an den Amtsvorstand zu richten und etwa zu lauten: „Ich habe im .... eine schwere Krankheit durchgemacht. Mein Gesundheitszustand macht eine Reise nach dem Süden nötig. Ich bitte, mir die Gewährung eines außerordentlichen Urlaubs .... zu erwirken“ usw. Es ist insbesondere auch den Rechtspraktikanten dringend zu empfehlen, daß sie diese Form einhalten, wenn sie sich mit Bitten an eine höhere Stelle wenden.

Die autographierte Entschließung verbietet in Nr. 5 ihrem Wortlaute nach die „Begleitberichte“ nur für den Verkehr mit dem Ministerium. Es ist aber selbstverständlich, daß die Vorschrift für den Verkehr mit übergeordneten Stellen überhaupt zu gelten hat, also auch dann, wenn Berichte oder Gesuche den Präsidenten der Landgerichte oder der Oberlandesgerichte vorgelegt werden sollen. Auch die Rechtsanwälte können sich hiernach bei ihren Gesuchen um Bestellung eines Stellvertreters die „Begleitschreiben“ sparen. Ebenso selbstverständlich ist, daß die Vorschrift auch für die Fälle gilt, in denen der Verkehr mit dem Ministerium nicht durch eine vorgesetzte Behörde, sondern durch eine nur im Range höherstehende Behörde vermittelt wird, also z. B. dann, wenn das Amtsgericht durch Vermittelung des Staatsanwalts zu berichten hat.

5. Zu Nr. 6. Die Angabe des „Betreffs“ soll, wenn irgendwie möglich, unterbleiben, vor allem bei der Verweisung auf ältere Dienstesvorschriften, deren „Betreff“ oft sehr langatmig und schwülstig ist. Sind mehrere Bekanntmachungen an einem Tage erlassen worden, so kann der Gefahr einer Verwechslung durch Beisetzung der Nummer vorgebeugt werden (vgl. ferner Bem. 3 zu § 11 der Bek.).

6. Zu Nr. 7 vgl. Bem. 3 zu § 11 der Bekanntmachung.

7. Mit „Begleitbogen“ können insbesondere auch Eingaben von Privatpersonen wieder vorgelegt werden, die an eine Behörde des äußeren Dienstes mit dem Auftrag hinausgegeben wurde, einen Bescheid, einen Aufschluß oder eine Belehrung zu erteilen. Ein besonderer Bericht über die Art der Erledigung der Sache muß in solchen Fällen nicht erstattet werden, wenn es nicht ausdrücklich angeordnet wurde (vgl. im übrigen Bem. 5 Abs. 4 zu § 10 der Bek.).

Register.

FSC
www.fsc.org
MIX
Papier | Fördert gute Waldnutzung
FSC® C083411

Kolibri 360 GmbH
Ferdinand-Jühlke-Straße 7
99095 Erfurt, Deutschland
produktsicherheit@kolibri360.de